Lowriders

Robert Genat

MBI Publishing Company

First published in 2001 by MBI Publishing Company, Galtier Plaza, Suite 200, 380 Jackson Street, St. Paul, MN 55101-3885 USA

MBI Publishing Company books are also available at discounts in bulk quantity for industrial or sales-promotional use. For details write to Special Sales Manager at Motorbooks International Wholesalers & Distributors, Galtier Plaza, Suite 200, 380 Jackson Street, St. Paul, MN 55101-3885 USA.

Library of Congress Cataloging-in-Publication Data Available

ISBN 0-7603-0962-0

Edited by Amy Glaser

Printed in Hong Kong

On the front cover:
The 1964 Chevrolet Impala is one of the most popular models to be turned into lowriders. It has classic good looks and is easily modified to include hydraulics.

On the frontispiece:
Aftermarket wheels and tires are key to a lowrider. Densely spoked, 7-inch wide, 13- or 14-inch wire wheels with thin whitewall tires are almost standard equipment. This combination helps bring the car even closer to the ground.

On the title page:
Gypsy Rose is one of the most famous lowriders of all time. Based on a 1964 Impala, its pink, red, and white candy paint lay a foundation for the 150 roses that have been painted on the car.

On the back cover:
Among lowriders, this 1937 Plymouth is called a "bomb." Bombs include any American-made car originally built from the 1930s through 1958. Bombs, regardless of the manufacturer, are held in high esteem in lowrider circles.

Forro delantero:
Este Impala de Chevrolet del 1964 es uno de los modelos más populares para reconstruir en un coche de lowrider. Es de una apariencia clásica y se modifica facilmente para incluir los hidraúlicos.

En el frontispicio:
Ruedas y neumáticos fabricados especialmente son componentes muy importantes en el lowrider. Casi estandar son las ruedas profusamente rayadas de alambre con siete pulgadas de anchura y del diámetro de 13 o 14 pulgadas con neumáticos delgados de banda blanca. Esta combinación contribuye al aspecto bajo del coche, haciéndolo aparecer más cerca del suelo.

En la pagina del título:
La Gitana Rosa (Gypsy Rose) es uno de los lowriders más famosos de todo. Reconstruido de un Impala del 1964, su pintura de los colores rosado, rojo, y blanco es el fondo en que se han pintado 150 rosas.

En el forro trasero
Entre los lowriders, este Plymouth del 1937 se llama un "bomb." El estilo de "bomb" consiste en los coches originalmente fabricados en los Estados Unidos desde los 1930's hasta el 1958. "Bombs" de cualquiera fábrica se estiman mucho en el mundo de los lowriders.

Contents

Tabla de Materias

Acknowledgments

The following people made this journey into the lowrider world educational and fun. Thanks to Dave Linden at the Petersen Automotive Museum in Los Angeles, California; Gary Sacklin at *Lovely Lowrider*; and the following lowrider owners and enthusiasts: Rudy Ballon, Rene Acevedo, Jose Miramontes, Ricardo Zarala, Ricky Munoz, Philip Sandoval, Jesse Lopez, Dale Arrieta, Cesar "El Jefe" Aldana, Rob Rice, Steve Scales, Eddie Johnston, Fernando Lucero, Fernando Lucero Jr., Antonio Herrera, Yuzo Takai, and Shogo Nakao. A special thanks goes to Rigo Reyes for all his help.

Reconocimientos

Las personas siguientes hicerion que la escritura de esta obra sea informativo y divertido. Gracias a Dave Linden del Museo Automotivo de Los Angeles, California; Gary Sacklin de *Lovely Lowrider*; y los dueños y los entusiastas de los coches lowriders: Rudy Ballon, Rene Acevedo, Jose Miramontes, Ricardo Zarala, Ricky Munoz, Philip Sandoval, Jesse Lopez, Dale Arrieta, Cesar "El Jefe" Aldana, Rob Rice, Steve Scales, Eddie Johnston, Fernando Lucero, Fernando Lucero Jr., Antonio Herrera, Yuzo Takai, y Shogo Nakao. Las graciasa especiales son para Rigo Reyes por su ayuda.

Introduction

The lowrider stereotype has never been flattering thanks to the media. On the hit 1970s show *CHiPs*, lowriders were depicted as bad barrio cruisers driven by young Chicanos who were looking for trouble. Only the lucky kids from these neighborhoods were able to escape those "evil" cars and make something of themselves. Popular movies haven't helped the lowriding community, either. In the movie *Boyz N the Hood*, the drug dealer "Big Worm" drove a green Impala lowrider. Today's music video industry persists in linking gangsta rap with lowriders. As a result, these negative images have made many people leery of any car that is lowered, has a bright paint scheme, and has a young Chicano behind the wheel.

This negative image is not accurate, and few shows and songs have presented lowriders positively. One of the few television shows that didn't present a negative stereotype of the lowrider was *Chico and the Man*, where a 1963 Impala lowrider was shown in the opening credits. In the music world, no one who listened to Top 40 music in the 1970s can forget the band War's 1975 recording of "Low Rider." This classic tune pays homage to the low and the slow.

Another factor that has kept the lowrider out of the general restoration movement is that mainstream car enthusiasts won't accept the lowrider style into the fold. Many car enthusiasts think collector cars should be restored according to strict

Introduccion

El estéreotipo del lowrider nunca ha sido adulado gracias a los medios publicitarios tales como periÓdicos, radio, y televisión. En el programa muy popular de los 1970's, ChiPs, lowriders se desarollaban como malos coches vagados del barrios, manejados por jovenes chicanos quienes buscaban hacer disturbio. Solamente los jovenes afortunados de estos vecinidades podÍan escapar estos coches del diablo para llegar a ser adultos de mérito.

Las pelÍculas populares no han contribuido a la reputaciÓn buena de los dueños de lowriders tampoco. En la pelÍcula *Boyz N the Hood*, el vendedor de drogas, "Big Worm" (Gran Gusano) manejaba un lowrider verde Impala. Los videos de música siempre presentan una conexión entre "rap" de las gangas y los lowriders. El resultado es que estos imagenes negativos causan que mucha gente se pone ansiosa a ver un auto bajado con pintura brillante manejado por un joven chicano.

Esta vista negativa no es preciso, y no hay muchos programas ni canciones que presentan a los lowriders posativamente. Uno de los pocos programas de televisión que no presentaba el mal estéreotipo del lowrider fué *Chico and the Man* en que se veÍa un lowrider Impala de 1963 al principio de cada programa. En el mundo de música, nadie quien escuchaba al 40 canciones mas populares de los 1970's puede olvidar el disco "Low Rider", cantado por el grupo "War". Esta canción clásica es un homenaje a los que andan bajo y lento.

Otra razon que prohibe que el coche lowrider sea parte del movimiento de restauración es que los entusiastas del corriente principal no lo aceptan. Muchos entusiastas creen que los coches

rules that don't include the lowrider design elements or options.

While not everyone may want to build a lowrider, it's important to take a close look at the history of these cars and how and why they are built. There is a wealth of unique art, style, and tradition put into lowriders. They should be examined more closely and with an open mind.

The roots of the lowriding phenomenon can be traced back to the early 1940s with the appearance of the zoot suit. To differentiate themselves, young Mexican-Americans in Los Angeles began to wear these outfits, which were first popularized in the 1930s by jazz musicians. The zoot suit featured high-waisted, heavily pleated, pegged pants, wide-brim hats, long gold watch chains, and oversized coats. The zoot suits worn by kids in Los Angeles were further exaggerated in their cut and color. Up to five yards of fabric were used to make one suit. This was at a time when there were material shortages due to the war. This was also at a time when Mexican-Americans and other minorities were expected to assimilate into the mainstream. The *pachucos* (zoot-suiters) were making a political and cultural statement by standing out from the crowd. Wearing a zoot suit was seen by many as an open act of rebellion—un-Americans were squandering precious resources needed for the war effort on something as frivolous as an article of clothing.

Pachucos became targets of abuse. They were openly accused of being draft dodgers and of causing a crime wave. The conflict between the *pachucos* and groups of Anglo servicemen and citizens came to a head on June 4, 1943, in the streets of Los Angeles. *Pachucos* were singled out and beaten. This was the worst riot in history between Anglo Americans and those of Mexican ancestry, but it was the first time Chicanos had stood up for their rights. The *pachuco* and the zoot suit became symbols of what came to be known as Chicano pride.

This pride can be seen today in the zoot-suited characters painted in the murals that decorate lowriders. Zoot suits can also be seen at lowrider events in the same way that saddle shoes and poodle skirts are found at hot rod cruise nights. The zoot suit will always be solidly linked to lowriding.

The zoot suit design is often considered the prototype for the lowrider car. The zoot suits featured exaggerated elements: pleats were plentiful and deep, the waist was exceptionally high, and the cut of the pants was severe. Lowriders also have exaggerated design elements: they are exceptionally low, they are embellished with an abundance of accessories, and, in many cases, they are brightly colored.

Lowriders first appeared in Los Angeles shortly after the end of World War II. Traditionally found in the Southwest, lowriders have been seen in many large cities throughout the country in the last 10 years. They have become popular in Asia as well, where they are held in high esteem.

While lowrider Euro cars and mini-trucks (high-tech, computerized modifications on non-American, late-model vehicles) are part of the lowriding phenomenon, I have intentionally bypassed them in favor of the array of more traditional lowriders.

With this book, I hope to interest those who want to learn more about lowrider cars and bicycles, as well as the compelling, noteworthy cultural forces that surround the cars. Lowriding, like jazz music, is part of the American cultural landscape. Both were created in America by members of minority groups. Like any work of art, the lowrider has a special place in American culture. People, cars, traditions, and a sense of family are all part of lowriding culture and history.

Lowriding is as much about attitude as it is about cars. Climb in and sit low in the seat. Try to look cool, because we're going cruising—low and slow.

de coleccionistas deben de estar reconstruidos según las reglas rígidas no inclusivo a los elementos del estilo lowrider.

Mientras todos no tienien ganas de construir un coche lowrider, es importante tener una vista de la historia de estos coches y el pensamiento que explica porque y como se construían. Hay una riqueza de arte original, estilo, y tradición en los coches. Deben estar considerado imparcialmente.

Los ráices del fenómeno de los lowriders se basan en los 1940's con la apariencia del "zoot suit" (ropa del pachuco). Para distinguirse, los jovenes Mexicano-Americanos en Los Angeles empezaron a vestirse en esta ropa, la cual se hizo popular por los músicos de jazz en los 1930's. Este traje tenía pantalones de cintura alta, con muchos pliegues, y estaban estrechos al pie. Se llevaba con un sombrero de alas anchas, relojes con cadenas doradas y largas, y abrigos de tamaño grande. Esta ropa llevado por los jovenes de L.A. eran de un estilo y color aún mas exagerado. A veces se usaba tanta tela como cinco yardas. En éste tiempo, no habia mucha tela a causa de la guerra mundial. También, se anticipaba por la sociedad que las personas Mexicano-Americanos y de otros paises se asimilaran con los demás. Los pachucos daban un mensaje político de su cultura por distinguirse con esa ropa. Vestirse en este traje se veía como un acto rebelde—estas personas que no eran américanos estaban gastando tela preciosa por la ropa en lugar de conservarla por la guerra.

Pachucos fueron abusados. Les acusaron de evitar a ser soldados y por ser criminales. El conflicto entre los pachucos y los grupos de soldados y ciudadanos anglos llegó a cabo en el 4 de junio en 1943 en las calles de Los Angeles. Pachucos estaban destacados y agotados. Este alboroto era lo peor en la historia entre los anglos y los de ráices Mexicanos, pero era la primera vez que los Chicanos defendieron sus derechos. El pachuco y su traje eran los símbolos del orgullo chicano.

Este orgullo se ve hoy en los hombres vestidos en los zoot suits pintados en las murales que adornan a los coches lowriders. También se ven los zoot suits en exhibiciones de coches de lowriders en la misma manera que se ven ropa de los 1950's en las exhibiciones de coches de carreras (hot rods). Siempre habrá una conexión fuerte entre el lowrider y la ropa de zoot suit.

El diseño del zoot suit se consideraba el prototípo del coche lowrider. Los zoot suits tenían elementos exagerados: muchos pliegues profundos, una cintura alta, y los pantalones distintivos. Lowriders también tienen elementos exagerados de diseño: estan excepcionalmente rebajados; estan adornados con una plentitud de accesorios; y en muchos casos, son de colores brillantes.

Estos coches se veían en Los Angeles un poco después del fín de la Guerra Mundial II. Tradicionalmente encontrados en el suroeste, lowriders se han visto en muchos ciudades grandes en todas partes de los Estados Unidos durante los 10 años pasados. Son muy populares en Asia, donde se estiman mucho.

Mientras lowrider Euro coches y camionetas mini (modificaciones de computadora en coches de estilos corrientes que no estan hechos en los Estados Unidos) también son parte del fenómeno, yo escogí intencionalmente a discutir los lowriders mas tradicionales.

Con este libro, espero interesar a los quienes quieren aprender más acerca de los autos y bicicletas del estilo lowrider y también interesarles en la cultura que es el ambiente en que se desarollaba este estilo. Lowriding, como la música de jazz, es una parte de la cultura americana. Ambos estaban creados en los Estados Unidos por grupos de la minoría. Como cualquier obra de arte, este tipo de coche tiene su propio lugar en la cultura de nuestro pais. La gente, los coches, las tradiciones, y el sentido de orgullo familiar son parte de la cultura y historia de los lowriders.

Lowriding es la actitud junto con el paseo en el coche de lowrider. Monte y siéntese bajo. Trate de tener una apariencia suave, porque vamos a pasear—lento y bajo.

CHAPTER 1

What is a Lowrider?

CAPITULO 1

?Que es un "Lowrider"?

The first lowrider cars were basic family sedans, such as this 1947 Chevrolet Fleetline Aerosedan. These cars were lowered by placing sandbags in the trunk. The addition of bolt-on accessories was an inexpensive way to personalize a car in the 1940s.

Los sedánes intentados para las familias, como el Aerosedan Fleetline Chevrolet de 1947, eran los primeros coches de lowrider. Estaban bajados por poner bolsas de arena en la cajuela. Los accesorios añadidos con el uso de tornillos eran un método barato para individuar el coche en los 1940's.

11

The term *lowrider* can be used to describe both a modified car and the person behind the wheel. Lowrider cars have some unique characteristics and personality, but when it comes to the owners of these modified cars lowriding can be summed up in one word: *attitude*.

Lowriding blossomed in southern California shortly after World War II. Many of the Mexican-American veterans who returned to Los Angeles followed the American dream of owning a car. Like most Americans, the only vehicle they could afford was a used car. In many instances, that vehicle was a used four-door taxicab. Although all makes and models of cars were available, Chevrolets were the ones most frequently transformed into lowriders. Used, prewar models were plentiful. Chevys were inexpensive and reliable, the two most important qualities any car buyer looks for. They were also seen as more stylish and sleek than their Ford counterparts. Hot-rodders were enamored with the Ford V-8 engine and its easy modification for additional speed, but Chevrolet stuck with its reliable six-cylinder engine. The choice for a basic car for a lowrider was simple: get one that looks good and then make it better.

Customizing cars came into vogue in the mid-1940s in southern California. Those unable to afford a new car would modify their old cars to personalize them. It seemed like everyone in southern California wanted to make a unique statement with their cars. Many of the sheet metal workers doing the automotive customizing work in Los Angeles were Chicanos. Gil Ayala built some of the most famous custom cars in the 1950s. At that time, the dividing line between how the Chicanos and their Anglo counterparts were modifying their cars was very thin. Anglo customizers typically removed chrome, changed hubcaps, added spotlights, added fender skirts, hopped up the engine, retrimmed the

The first lowriders were family cars modified for stylish cruising. Long before chrome and mag wheels became popular, the only way to brighten the wheels and tires was to scrub the whitewalls and paint the stock wheels Chinese red.

Los primeros coches de lowrider eran coches de la familia alterados para pasear con estilo. Muchos años antes de que se hacían populares las ruedas de cromo y magnesio, era difícil mantenerlos. Lo único que se podía hacer era fregar los neumáticos y pintar las ruedas originales de la fábrica del color rojo de China.1

The beautiful styling of the 1939 Chevy has made it a traditional favorite of lowriders. Lowriders have always favored Chevrolet models over Fords, because of Chevy's sleek good looks.

El estilo bello del Chevy del 1939 es un favorito tradicional de los lowriders. Siempre han preferido la marca de Chevrolet en lugar de Ford por la apariencia suave de los Chevys.

La palabra puede estar usado para describir un auto de esas modificaciones y a la persona quien lo maneja. Los coches de lowrider tienen una personalidad y unas características distintivas, pero una palabra que puede describir a todos los dueños de estos autos modificados es la palabra *actitud*.

Lowriding creció en el sur de California un poco después de la Guerra Mundial II. Muchos de los veteranos Mexicanos-Americanos quienes se volvieron a Los Angeles perseguían el sueño Americano de ser dueños de sus propios carros. Como la mayoría de Americanos, el único vehículo que podian comprar era de segunda mano. En muchos casos, ese vehiculo era un taxi de cuatro entradas. Aunque otras marcas y modelos eran disponibles, los de la marca de Chevrolet se usaban mas frecuentemente para convertir en lowriders. Había una plentitud de modelos gastados que estaban

hechos antes de la guerra. No costaban mucho y se podía depender en ellos. Estas calidades son las dos mas importantes por cualquiera persona quien compra un coche. También, se véian a tener mas estilo y suavidad que los de Ford. Los dueños de los coches de carreras estaban enamorados del motor de 8 cilíndros porque se podía modificarlo facilmente por velocidad adicional, pero Chevrolet mantenía la producción del motor confiable de 6 cilíndros. El hombre lowrider escogió a comprar un coche que ya tenía una apariencia elegante y convertirlo en un coche mejor.

La modificación de coches se hacía popular en los 1940's en el sur de California. Los que no podían comprar un auto nuevo modificaron a sus coches gastados para darlos su propia identidad. Parecía que toda la gente del sur de California quería crear su propia

13

interior, and lowered the car. Lowriders added as much additional chrome as possible—trim and accessory pieces made by the original manufacturer and sold at the dealer's parts counter. The lowriders also added fender skirts and spotlights.

The lowriders didn't care about horsepower. Early lowriders made few changes or improvements to the interior, other than to repair any visible tears in the seats. Both groups clearly agreed on one issue: It was essential that the cars ride low to the ground. The difference was that lowriders wanted their cars lower than low.

The early lowrider found that a trunk load of cement or sandbags created a new look for the car. This was inexpensive and the amount of lowering (in the rear only) depended on the size of the trunk and strength of the owner's back. Soon, a car with a lowered rear end was seen as a lowrider and not an Anglo custom. Hot rods and customs were

Not all lowrider cars are heavily modified. The only modification on this 1959 Impala sport coupe is a set of Dayton wire wheels. The slang term for a lowrider that has not been modified is "O.G.," which stands for "original gangster."

Muchos coches de lowrider no están alterados extensivamente. La única modificación de este cupé de Impala del 1959 es la clase de ruedas de alambre de Dayton. En idioma de jerga, el nombre de un coche sin alteraciones es O.G., que quiere decir gangue original (original gangster).

declaración en la forma de su coche. Muchos Chicanos eran obradores de lámina de metal y ya trabajaban en alterar a los autos. Gil Ayala construyó algunos de los coches alterados mas famosos en los 1950's. En ese tiempo, la linea entre las modificaciones anglas y las modificaciones chicanas era muy fino. Los obradores anglos removieron cromo, cambiaron los tapacubos, añadieron lámparas y faldas de defensa, hicieron mas fuerte el motor, redecoraron el interior, y rebajaron el coche. En lugar de remover cromo, los chicanos añadieron tanto cromo como era posible—adornamientos y accesorios originales hechos por la fábrica que se vendieron por el comerciante. Los lowriders también pusieron faldas de defensa y lámparas.

A los lowriders no les importaba caballo de vapor. Los primeros lowriders no cambiaron mucho el interior; nada más restauraron la tela. Los chicanos y los anglos estaban de acuerdo sobre una creyencia inherente. Era esencial que los carros anden cerca del suelo. La diferencia era que los lowriders querían que sus autos estaran aún más rebajados.

Los primeros lowriders descubrían que podían cambiar el aspecto de su coche por llenar la cajuela con cemento o bolsas de arena. No costó mucho, y la capacidad de rebajar el coche (solamente en el posterior) era dependiente en lo grande que era la valija y los fuertes que eran las espaldas del dueño. Dentro de poco, el coche con un posterior rebajado se consideraba como una costumbre de los lowriders y no de los anglos. Los coches de carreras y los coches modificados por anglos estaban rebajados por todas partes o rebajados más en frente.

Lowriders descubrían que podían alterar permanentemente el anterior y el posterior del coche. Se podía hacer esto por poner una torcha acetileno cerca de las ballestas del coche hasta que estaban calentados al rojo. A

Lowrider cars manufactured in 1959 or later are called "traditional." This ground-scraping two-tone 1959 Chevrolet lowrider features gold-accented wire wheels.

Los coches fabricados en el 1959 o más tardes se llaman "tradicional." Este "rascasuelos" Chevrolet de dos tonos de color del 1959 está distinguido por sus ruedas de alambre acentuados de lámina de oro.

esta temperatura, el metal de las ballestas perdió el temple, y las ballestas se colgaron. Este método de soldadura a soplete, llamado "torching", no costaba mucho, pero no era preciso y, frecuentemente, resultaba que el coche no andaba lisamente. Aunque era efectivo en rebajar el coche, este modo tenía muchas desventajas. Generalmente, cuando las ballestas estaban puestas al torcha acetileno, empezaron a colgarse con mucha prisa, causando que el coche se rebajó demasiado. Como este cambio era permanente, no era posible alzar el coche al nivel típico sin cambiar las ballestas por nuevas. Ambos grupos de lowriders chicanos y los modificadores anglos usaban este metodo barato de rebajamiento.

Otro modo de rebajar el coche es el uso de bloques de acero para rebajar la suspensión de ballestas al posterior. Bloques de

The low stance on this 1977 Monte Carlo is achieved by using a hydraulically controlled suspension and small 5.20-14 whitewall tires mounted on 7-inch-wide wire wheels.

La postura baja de este Monte Carlo del 1977 se realiza por el uso de suspensión controlada por hidraúlicos y los neumáticos de banda blanca del tamaño 5.20-14 montados en ruedas alambrados de 7 pulgadas.

either lowered all the way around or exhibited a definite rake to the front. Lowriders found that they could permanently alter the front and rear height of their cars. This was done by applying a torch to a car's springs (both coil and leaf) until they were red-hot. At this temperature, the springs lost their temper and sagged, thereby lowering the car. "Torching," this method of lowering, was inexpensive, but it was also imprecise and often resulted in a car with a poor ride. Although torching was effective to lower the car, the method had many drawbacks. Usually when

springs were torched, the extent of the lowering ended up being more than anticipated, since the springs sagged quickly when heated. Once the car was lowered, it was unable to regain the standard ride height without replacing the torched springs. Chicano lowriders and Anglo customizers both used this inexpensive method of lowering their cars.

Another method of lowering a car is to use simple steel blocks to lower leaf spring rear suspensions. "Lowering blocks" are small steel blocks that are inserted between the springs and rear axle to lower the chassis over

rebajamiento son bloques pequeños hechos de acero que estan puestos entre las ballestas y el eje trasero para rebajar el chasis sobre el eje. Este método no cuesta mucho y es fácil hacer con casi todos los autos de los 1950's. Los bloques no afectan el paseo y es posible removerlos para alzar el coche al nivel típico. También, se puede usar bloques más grandes para rebajar el coche aún más. Autos con ballestas serpentines se pueden rebajar por el uso de grapas de ballestas que apretan los serpentines juntos. Es posible, también, cortar una ballesta serpentín. Así se rebaja el coche,

pero es necesario remover la ballesta cortada. Todos estos métodos son efectivos y no cuestan mucho, pero es necesario gastar tiempo para hacerlos y no se puede ajustar la altura del coche después. Así es que los hidráulicos se hacian tan popular. Con el uso de hidraulicos, es posible alzar y rebajar el base del auto como quiera.

Otra explicación de la popularidad de las hidráulicos es *la ley*. Rebajar el coche lo tanto como sea posible es el objetivo de cada lowrider. Lo más bajo el coche, lo más largo y sauve es la apariencia del coche. Desgraciadamente,

The interior on lowrider bombs is typically trimmed in the original style and uses material, such as tan mohair, on the seats and door panels.

El interior en los "bombs" está tipicamente decorado en el estilo original con materias como tela de angora usada en los asientos y los paneles de la puerta.

Lowrider show cars have lavishly trimmed interiors. Pink velour shaped into deep diamond tufts and wrinkle pleats are used on the seats, doors, instrument panel, and floors. The piping is dark red.

Los coches de las exhibiciónes de lowrider están adornados lujosamente en los interiores. Veludillo rosado está plisado y doblado de la forma de un diamante y se usan pliegues en los asientos, las puertas, el tablero, y el piso. El tapizado está decorado con cordoncillo rojo.

the axle. This is an inexpensive and easy way to lower the rear of most 1950s-era cars. Lowering blocks don't affect the ride and the blocks can be removed easily for a standard ride height, or larger ones can be installed to lower the car more. Cars with coil springs can be lowered by using spring clamps that compress the coils together. A coil spring can also be cut to shorten its overall length. This lowers the car, but cutting a coil spring requires that it be removed from the car. All of these methods are effective and relatively inexpensive—and they are still used today, but they take time and offer no ride height adjustment. This is why hydraulics became so popular. Hydraulics allow the car to be raised and lowered on command.

Another reason for the eventual popularity of hydraulics is *the law*. Lowering the car as much as possible is one of the goals of every lowrider. The lower the car, the longer and cooler it looks. Unfortunately, in the pursuit of getting the lowest car on the block, many lowriders have found themselves in trouble with the police. The California vehicle code prohibits cars from being operated on the streets if any component is closer to the ground than the bottom edge of the wheel rim. Radically lowered lowriders have had the frame inches below the rims and in violation of the code. Cars are ticketed and impounded for violating this code. A car with torched springs has a ride height that can't be changed easily.

Ron Aguirre, a southern California lowrider, came up with an ingenious solution to the problem. He proposed mounting the axle's spring pockets on a base that could be raised or lowered. To actuate the system, he used aircraft hydraulic cylinders. In the 1950s, California was rife with surplus aircraft parts. World War II planes were being retired at a fast pace as newer jets were being manufactured. The rapid pace of aircraft development

An aftermarket steering wheel often seen in lowriders is one made from chrome-plated chain links that have been welded together. These are called "fat man" steering wheels, because their small size allows easy entry into the driver's seat for a slightly overweight driver.

Un timón añadido después de salir de la fábrica es uno hecho de cadena cromada soldada por soplete. Estos timones se llaman timón de gordo ("Fat Man" wheels) porque el tamaño pequeño de ellos permite la entrada fácil al chofer amplio.

la busqueda de ser lo mas bajo de la esquina ha causado que muchos lowriders tienen un problema con la policía. Según la ley de California, si un componente del coche se cuelgua más bajo que el fondo de la orilla de la pestaña, no es posible manejarlo en las calles. Algunos lowriders alterados violan a esta ley porque la estructura del coche esta más para abajo que el fondo de la pestaña. Los choferes de coches que están alteradas en esta manera tienen que pagar multas y, a veces, los coches están recorralados por la policiá. Un coche con ballestas puestas al antorcha de acetileno tiene una altura que no se puede cambiar facilmente.

Ron Aguirre, un lowrider del sur de California, pensó en una respuesta por esta problema. Sugerió que obradores montaran las ballestas del eje en una base que se podía alzar y rebajar. Para actuar este sistema, usaba cilíndros hidraúlicos de los aviones. Los aviones de la Guerra Mundial II estaban retirados más rapidamente que los nuevos estaban fabricados. A causa de este desarollo rápido de tecnología, había un tesoro de negocios que vendían los componentes sobrantes. Habia montones de chatarra llenos de los componentes de avión que se necesitaban, y también habiá coches desechos de los cuales se podía adquirir accesorios y componentes para reparamiento.

Chrome plating is liberally applied to the interiors of lowriders. Portions of the instrument panel, steering column, and glovebox door on this 1964 Impala have all been plated.

El cromo esta aplicado liberalmente a los interiores de los coches de lowrider. Las secciones del tablero, la columna de dirección, y la gaveta de guantes se laminaron de cromo en este Impala del 1964.

in southern California created a wealth of businesses that dealt in these surplus parts. There, scrap yards were filled with aircraft parts and junked cars to scavenge for needed replacement parts and accessories.

Bombin'

Simply lowering a car does not make it a lowrider. There's more to it than that. The traditional lowrider is usually lowered (though not always), but it has other highly identifiable features that distinguish it from any other lowered custom car. Many lowriders feel

that if a car has no hydraulic system, it's not a true lowrider. There are others who feel that a hydraulic system represents only part of the package, since it's only one of many elements that characterize a lowrider. It's a debate that will go on forever.

One of the basic doctrines of lowriding is to use a low-cost car. For this reason, four-door cars and older, full-sized orphans, such as Plymouths and Dodges, have found a home in the world of lowriding. The 1955, 1956, and 1957 Chevys are not typically seen as lowriders. These cars have been picked over by hot-rodders trying to relive the 1950s. As a result, the prices for these model years have escalated out of reach of most lowrider hobbyists.

The most popular model years for lowriders are from the 1930s through 1958 (these cars are known as "bombs"), and cars from 1959 through the mid-1970s (called "traditionals"). Many claim that the 1939 through 1964 Chevys represent the best lowrider material. These cars have classic styling, a plentiful supply of accessories, are easily modified for hydraulics, are available at a reasonable cost, and are easy to maintain. If you were to ask a lowrider for a list of preferred cars, one or all of the following would be on that list: the 1939 Chevrolet four-door sedan; the 1948 Chevrolet Fleetline; the 1954 Chevrolet Bel Air; and the 1964 Impala. If you have one of these cars, you've got the right material for a classic lowrider, but as you will see, nearly any car can be lowrider material.

The interiors of lowriders range from the pure stock look to lavishly trimmed. Most of the bombs retain the original interior styling, including mohair upholstery and woodgrain instrument panel and window frames. Later models and full-custom lowriders replace the front bench seat with swivel bucket seats. These seats are often not an automotive type, but rather one that would look more at home

Bombin' (Creando un "bomb", o coche de lowrider)

Un coche no se convirte en un lowrider sencillamente porque el dueño lo rebaja. Hay que hacer más para crear un lowrider. Generalmente, el coche lowrider tradicional, sí, está rebajado, pero no siempre. Pero tiene otras características definitivas que lo distingue de los otros coches modificados y rebajados. Muchos lowriders creen que si el coche no tiene un sistema hidráulico, no es un lowrider verdadero. Otros creen que el sistema hicraulico es solamente una parte porque hay muchos otros elementos que establecen la identidad del lowrider. Es una discusión que continuará siempre.

Uno de los doctrinos básicos de lowriding es usar un coche barato. Por esta razón, la familia de lowriders incluye los coches de cuatro entradas y los más antiguos "huérfanos" de tamaño grande, como los carros de Plymouth Y Dodge. Los Chevys de 1955, 1956, y 1957, no se usan típicamente para reconstruir en lowriders. Esos coches estaban escogidos por los dueños de coches de carreras para recordar los años de los 1950's. Como resultado, estos Chevys cuestan demasiado.

Los modelos más populares para convertir en lowriders son de los 1930's hasta el 1958 (estos coches se llaman "bombs"), y los coches desde 1959 hasta la primera mitad de los anos de los 1970's (estos se llaman "tradicionales"). Muchos dicen que los Chevys entre el año 1939 y el año 1964 son los mejores para reconstruir en lowriders. Estos coches tienen un estilo clásico, un abundancia de accesorios, se modifican con hidráulicos facilmente, están disponibles por un precio bajo, y es fácil mantenerlos. Si uno pide al lowrider una lista de los autos más preferidos, a menos uno o posiblemente todos los siguientes estarían en la lista: el sedán de cuatro entradas de Chevrolet del 1939, el Fleetline de Chevrolet del año 1948, el BelAir de Chevrolet del

The addition of accessories is part of the traditional lowrider look. The accessories on the front of this 1947 Chevy include fog lights, club plaque, AAA plaque, bumper guards, siren, and a set of American and Mexican flags.

La adición de accesorios es parte del estilo tradicional de lowrider. Los accesorios en el anterior de este Chevy del 1947 incluyen las lámparas de niebla, un placa del club, una placa de AAA, las guardas de defensas, la sirena, y una colección de banderas americanas y mexicanas.

21

in a living room. The fabric of choice for most lowrider interiors is velour. Wrinkle pleats, diamond tucks, and button tufts are the most popular ways to trim the seats. Wet bars, chandeliers, and television sets are often added to the interiors. Small mirrors are also added to the interior in a decorative pattern that complements the trim.

Chrome is used as an accent in a lowrider interior. Anything made of metal that can be plated is fair game in dressing up the interior of a lowrider. One of the most frequently replaced items is the steering wheel. The owner might select a steering wheel from a later-model car or a smaller steering wheel made from chrome-plated chain links. These small chain wheels are known as "fat man" wheels because of their smaller size. This wheel allows a driver with a larger girth easier access to the driver's seat.

Sound systems in lowriders tend to reflect the age of the vehicle, as well as the age of the owner. Most bombs, which are primarily owned by older lowriders, have the original AM radio, or no radio at all. The latest Euro lowriders, usually driven by young men, normally have mammoth, mega-watt stereo systems.

To a lowrider, accessories are like frosting on a cake. The basic design of an older bomb lends itself well to the addition of accessories. The separate front beam bumper provides an area for attachment of fog lights and sirens. Manufacturers of cars with this bumper also offer optional grille guards and bumper guards to add brilliance. Manufacturers offer windshield visors as an add-on accessory for

This 1950 Chevrolet Fleetline has a windshield visor, an extremely popular accessory with lowriders. It also features a grille guard, bumper extensions, and Appleton spotlights. The cylinder on the side of the car is a "swamp cooler" air conditioner.

Este Fleetline del 1950 de Chevrolet tiene una visera de las parabrisas, un accesorio muy popular de los duenos de lowrider. También tiene una guarda protector de la rejilla del radiador, extensiones de las defensas, y luces de estribo de la marca Appleton. El cilíndro en el lado del coche es un condensador de evaporacieón ("swamp cooler") para aire acondicionado.

A continental kit, also known as a "bumper kit," has been added to this 1950 Chevy, along with blue dot taillights, bumper extensions, and a slick set of fishtail exhaust tips.

Un "continental kit" (también llamado un "bumper kit"), o equipaje del neumático de repuesto, se añadio a este Chevy del 1950. Otros accesorios son las linternas traseras de punto azul, extensiones de las defensas, y un grupo de apices formados como la cola de un pescado al extremo de los tubos de escape.

ano 1954, y el Impala del 1964. Si tenga ud. uno de estos coches, tiene la materia buena por un lowrider clásico, pero ud. verá que casi cualquier coche puede convertirse en un lowrider.

Los interiores de los lowriders son de los dos extremos: desde la apariencia de todo original de la fábrica hasta el adornamiento lujoso. La mayoría de los bombs tiene el estilo original en el interior inclusivo al tapizado de tela de angora y la trepa del tablero y de la estructura de las ventanas. Luego, los modelos y los lowriders hechos a especificaciones ponen asientos concavos y giratorios. Estos asientos no son del tipo automotativo, sino del tipo que uno anticipa encontrar en la sala de una casa. Veludillo es la tela más popular de los interiores de los lowriders. Los asientos están adornados con pliegues arrugados, dobladillos en forma de diamante, colchonera de botones. Se encuentran bares de bebidas, candelabros, y televisores. Espejos chiquitos estan puesto en un diseño decorativo que complementa los otros adornamientos.

Cromo es un acento importante en el interior del lowrider. Cualquier cosa metálica para adornar el interior. Generalmente, el timón esta cambiado por otro. Quiza el dueño escogerá un timón de un coche más corriente o un timón mas chico hecho de cadena cromiada. Estos timones de cadena se llaman "timones de gordones" por el tamaño chico. Con este tipo de timón, es posible que un chofer grande tenga mas campo en el asiento.

El sistema de música en los coches de lowrider esta reflejado en la edad del coche y también en la edad del dueño. Muchos bombs de dueños más maduros tienen el radio original de AM, o faltan un radio completamente. Los más recientes lowriders Euro, manejados por hombres jóvenes, generalmente tienen enorme sistemas con la fuerza de muchos vátios.

Para los hombres de lowrider, los accessorios son la cima. El diseño básico del bomb maduro forma una estructura buena para adornar con muchos accessorios. La defensa separada de frente es un buen lugar para añadir lámparas de niebla y sirenas. Las fábricas

The cars were more sleek in the 1960s, and there were fewer factory accessories that could be added. This 1962 Impala has only bumper guards and twin, deck-mounted radio antennas.

Los contornos de los coches eran más suaves en los 1960's, pero había pocos accesorios para añadir al coche. Este Impala del 1962 tiene nada más que guardas protectores de las defensas y dos antenas iguales de radio.

late 1930s, 1940s, and 1950s cars. In addition to windshield visors, small accessory headlight visors and rear bumper guards are often added. Some of the bumper guards even fold down for access to the trunk. Classic license plate frames and safe driving medallions are added to the rear.

Another coveted accessory often seen on bombs is the "swamp cooler" air conditioner. These units are seen most often in the southwestern United States. When new, swamp coolers were less expensive than factory air conditioning and had a cooling effect on the interior temperature. Resembling an old canister-style vacuum cleaner, the unit attaches to one of the side windows and cools the car's interior through water evaporation within the unit.

A feature on the more radical lowriders is "suiciding;" this is reversing the opening mechanisms on a door, the hood, or trunk. There was a time when passenger car doors opened to the front, with the door hinges on the rear edge of the door opening. These doors are called "suicide doors" because it was easy to accidentally fall out of a car if the door opened while at highway speed. An occupant leaning on the door could be inadvertently thrown out onto the pavement. This modification means moving the door hinges to the rear edge of the door and moving the door latch from the rear to the front edge of the door opening. This is no small task. Hoods and trunks can be reworked in the same way to reverse the opening. On older cars with multipiece side-opening hoods, the most common modification is to weld the sections together so they open either from the front (alligator style) or from the rear.

The choice of paint scheme on a lowrider is usually governed by the era of car. Bombs generally have less flamboyant solid color paint schemes, while the later models feature bright colors and fadeaway scallops. Candy

de estos coches ya ofrecen rejas brillantes del radiador y las defensas. También ofrecen víseras de parabrisas como accesorio de los modelos de los 1930's, 1940's y 1950's. Al lado de las víseras de parabrisas, también se añaden las víseras de lámparas y rejas de las defensas posteriores. Algunas rejas de defensas posteriores aún están engoznados para hacer bastante espacio para abrir la valija. También en el posterior hay monturas clásicas para las placas de licencia y medallas de manejamiento seguro.

Otro accesorio importante de los bombs es el un condensador de evaporación (swamp cooler). Estos condensadores se ven más frecuentemente en el suroeste. Cuando eran nuevos, no costaban tanto como los otros tipos de acondicionadores de aire de la fábrica, pero todavía podían enfriar el coche. Parecido al tipo de aspiradora de polvo de cajita, este condensador está puesto en una de las ventanas del coche y enfria el aire por evaporación de agua adentro.

Otra característica en los lowriders más extremos es un procedimiento que se llama "suicidándose." Suicidarse quiere decir que los mecanismos que se usan para abrir las entradas, el capó, o la valija están puestos al

The owners of bombs love to add accessories to their cars. This Chevy has skirts, rear window blinds, bumper guards, fishtail exhaust tips, and a swamp cooler.

A los dueños de los "bombs" les gusta añadir accesorios a sus coches. Este Chevy tiene faldas de las defensas, cortina de tiro en la ventana trasera, guardas protectores de las defensas, apices formados como la cola de un pescado al extremo de los tubos de escape, y un condensador de evaporacion ("swamp cooler") para aire acondicionado.

and metal flake paints are also used on full-custom lowriders. Pinstripe accents can be found on all types of lowriders.

One feature that is used exclusively on lowrider cars is the airbrushed mural. To the lowrider, the car is much more than a form of transportation—it's a canvas on which several levels and styles of art are expressed. Lowrider murals take on all forms and shapes. Murals are most often painted on the deck lid or hood, but also have been seen on the body sides, fender skirts, and instrument panels. One thing all lowrider murals have in common is that they are all of personal significance to the owner of the car. They may even tell a story of an important event in the owner's life. Because of the strong attachment Chicanos have to their Aztec roots, many of the murals feature Aztec temples or stylized Aztec warriors. Others are religious in nature and display the Virgin de Guadalupe or a scene of the crucifixion of Christ. Many murals

Many bombs, including this 1947 Cadillac, are painted in subdued colors or simply black. Cadillac bombs were unusual among early lowriders since the Cadillac was considered a luxury vehicle and carried a large price tag, even when it was purchased used.

Muchos "bombs", como este Cadillac del 1947, están pintados en colores discretos o sencillamente del color negro. Los "bombs" de Cadillac no eran comunes entre los lowriders desde el princípio porque el Cadillac se consideraba como un coche de lujo y siempre costaba mucho, aún cuando estaba comprado a segunda mano.

The paint on this 1965 Chevrolet Impala station wagon is a modern Willow Frost Green Clearcoat Metallic and is accented with subtle pinstripes.

La pintura en esta camioneta de Impala de Chevrolet del 1965 es del color moderno que se llama "Willow Frost Green Clearcoat Metallic", que quiere decir verde escarchada del roble. Las capas de la pintura metalica son translucidas. Este camioneta trae rayas finas de color amortiguado.

reves; es decir, al otro lado. Había un periíodo cuando las entradas de pasajero se abrían al frente, con los goznes al posterior de la entrada. Estas puertas se llaman "entradas de suicidio" porque uno puede caerse del coche si se abre la puerta mientras anda rapidamente el coche. Un viajero quien estuvo apostado contra la puerta podría estar tirado afuera del coche. Esta modificación quiere decir que los goznes están puestos al posterior de la puerta y la manija esta puesto el frente. Este es un labor grande. Se puede hacer lo mismo con el capó y la puerta de la valija. En los coches más antiguos, los capós están hechos de partes separadas que están engoznados juntos. Cuando son así, las modifican por soldar las partes con un antorcha de acetileno.

Entonces, están engoznado en el frente (un estilo que se llama "caiman") o al posterior.

Como pintar el lowrider depende en la edad del coche. Bombs generalmente no estan pintados ostentosamente y no más de un color esta usado. Los modelos más corrientes tienen colores brillantes bordado con festones de colores que se palidecen progresivamente. Pintura del color de dulces y la con chispas de metal son muy populares también. Se pueden ver acentos de raya fina en todos los coches de lowrider.

Otra característica que se usa exclusivamente en estos coches es el mural de pintura aerógrafo. Al dueño, su coche vale mas que una forma de transportación. Es el fondo de varios niveles de arte. Los murales tienen

Full-custom show cars have the wildest paint schemes. This 1962 Impala is appropriately named *Twilight Zone*. It features a candy pearl paint with black, magenta, purple, and blue scallops.

Los coches alterados al extremo para exhibición tienen las combinaciónes de pinturas mas radicales. Este Impala del 1962 se llama *Twilight Zone* ("Zona Crepuscular"). La pintura tiene el lustre de perla y está bordado con festones de los colores negro, magenta, violeta, y azul.

describe the struggles of the Chicano movement in America by depicting a zoot-suited *pachuco* or farm labor organizer Cesar Chavez. Murals have also been painted on lowriders in honor of a deceased relative or friend. The Mexican revolution and such legendary freedom fighters as Pancho Villa and Emiliano Zapata have been painted on lowriders.

Finally, many pop culture heroes such as Elvis and Selena, along with Latina pinups, have been airbrushed on as decorations. Each mural further personalizes the car to the owner and his or her culture.

In addition to murals, nearly every lowrider car is given a name. The name may make reference to the color of the car, such as

The lowrider has become a canvas for many Chicano artists. The murals they create have historical significance or are family themes. On the trunk of this bomb is a mural that depicts a group of Mexican revolutionaries.

El lowrider ha llegado a ser una lona para muchos artistas de Chicano. Los frescos que ellos crearon tienen el significado histórico o son los temas de la familia. En el tronco de esta bomba es un fresco que representa un grupo de mexicano revolucionario.

muchas formas distintas. Mas frecuentemente, los murales estan pintados en el capó del coche y la puerta de la valija pero se ven también en los lados, en las faldas de defensa, y en en los tableros. Algo que todos los murales tienen en común es el significado que tienen por los dueños. Algunos murales cuentan la historia de un período en la vida del dueño. A causa de la conexión fuerte que los Chicanos tienen con los raíces Aztecas, los templos y guerreros Aztecas estan presentados en los murales frecuentemente. Sujetos religiosos, como la vírgen de Guadalupe o la Crucifixión, también se presentan en los murales. Otros sujetos populares son del tema político, como el movimiento chicano en America, representado por el pachuco vestido de zoot suit o el líder de los campesinos, Cesar Chávez. Murales también se pintan para dar homenaje a los muertos quienes eran miembros de la familia o amigos del dueño. La revolución de México y sus heroes, como Pancho Villa y Emiliano Zapata, también son sujetos de estos murales. Finalmente, los héroes de la cultura corriente, como Elvis, Selena y otras chicas atractivas, están pintados en los coches. Cada mural distingue el coche al dueño y su cultura.

En adición, casi todos los coches tienen un nombre. El nombre puede derivarse del color del coche, como "Solana" si el coche es amarillo brillante o "Pedacito de Naranja" si el coche es anaranjado. Tánto los nombres como los murales se derivan por la familia, cultura chicana, o historia Azteca.

"Pizzazz", o brío, siempre ha sido parte de la vista del lowrider. No hay nada con mas destello ni brillo que el cromo lustrado. Cuando los dueños de los coches de lowrider se encontraron con más dinero, lámina de cromo empezaba a aparecerse en los autos. El uso de cromo era un metodo de dar mas brío a la apariencia del coche. El proceso tradicional de laminar con cromo se hace solamente en los componentes metálicos que pueden conducir el corriente de electricidad porque uno necesita usar electricidad para laminar. Para laminar un componente con cromo, es necesario limpiarlo de pintura y moho primero. Entonces, hay que laminarlo de cobre. La

Any panel that is available is an appropriate place for a mural. The mural on the rear fender skirt of this 1948 Chevy depicts a dreamy eyed Latina.

Cualquier panel disponible es un buen lugar para pintar un mural. En este Chevy de 1948, hay un mural de una Latina con ojos languidos en la falda de defensa trasera.

"Sunshine" on a yellow car or "Orange Slice" on an orange car. As with the murals, many of the names are tied to the owner's family, Chicano culture, or Aztec history.

Pizzazz has always been part of the lowrider look. Nothing adds sparkle or brilliance more than highly polished chrome. As lowrider owners became more affluent, chrome plating started to appear on the cars. Chrome was another way to make the cars more flashy. Traditional chrome plating is done only on metallic parts that can carry an electrical current, since electricity is used in the plating process. To chrome plate a part, it must first be cleaned of all paint and rust, and then copper plated. The copper plating provides a base metal that can be smoothed and polished easily. On top of the copper is a thin layer of nickel. The nickel adds the highly reflective silver color of chrome. Finally, the chrome is added to protect the polished nickel. In addition to the standard chrome on a production car, which is typically redone on a lowrider, restorers will also chrome plate gas filler doors, cowl grilles, valance panels, and instrument panels. Some show car owners will go to the extreme of having the entire engine compartment and suspension system chrome plated. The brighter the better!

Wheels are another of those accessory items that add flash and brightness to a lowrider. Long before anyone ever thought to chrome plate a wheel, the lowrider wheel and tire combination was a freshly scrubbed whitewall tire mounted on a stock wheel rim that was painted Chinese red. As manufacturers created better-looking spinner-style wheel covers in the 1950s, the covers were adapted to lowriders. Once the aftermarket suppliers started to manufacture specialty hubcaps, those too were soon added to the list of accessories.

The biggest change to the overall look of lowrider cars came when the ultrawide, densely spoked wire wheels, such as the Daytons, became popular. These wheels were fitted in predominantly 13- and 14-inch diameters with a width of 7 inches being the most common. The single detail that sets these wheels apart from most wire wheels is the density of the spokes with which they are laced. Hundred-spoke wheels are common. Many of the wire wheels fitted to a lowrider are knock-offs

lámina de cobre sirve como un base metálico que se puede bruñir y lustrar. El cobre esta cubierto de una capa fino de níquel. Esto se hace porque el níquel tiene el color plateado reflexivo del cromo. Finalmente, el cromo esta laminado encima del níquel lustrado para protegerlo. En adición al cromo típico laminado en la fábrica, los dueños de lowriders lo rehacen y lo añaden en las puertas de las aperaturas de gasolina, las rejas, y las tableras. Algunos dueños aun laminan el compartamiento del motor entero y el sistema de suspensión. !Los más brillante, lo mejor!

Las ruedas son otro accesorio de brillo en el coche lowrider. Mucho tiempo antes de que alguien pensó en laminar la rueda con cromo, había la combinación del neumático de banda blanca montado en la pestaña original que estaba pintado del color rojo de chino. Cuando los fabricadores empezaron a crear tapacubos del estilo giratorio de mejor apariencia en los años de los 1950's, estos tapacubos estaban adaptados por los lowriders. Un poco después, los tapacubos de especialidad eran disponibles,

The continental kit on the back of this 1964 Impala provides a circular background for a mural of a wizard.

Un mural redondo de un mago cubre este equipaje del neumático de repuesto, montado en un Impala del 1964.

Japan has embraced the lowriding culture. In addition to importing American-built lowrider cars, the Japanese are building their own, such as this Mitsubishi Diamante photographed in Japan. Even though it's a Japanese car, this Mitsubishi lowrider is designated as a "Euro" lowrider. ©*Yuzo Takai*

Japón ha adoptado la cultura de lowrider. Ademas de importar coches de lowrider construidos en los Estados Unidos, están construyendo sus propios, como este Diamante de Mitsubishi fotografiado en Japón. Aunque es un coche japonés, este lowrider de Mitsubishi se categoriza de "Euro".

(a type of wheel that is held on by a single, large wing nut). In addition, many lowriders' wire wheels are fully gold plated or have either the rim or the hub and spokes gold plated. The combination of gold and chrome on the wheels is an attractive contrast. Premium Sportway 5.20-13 thin whitewall tires are mounted on the 13-inch wheels, or Premium Sportway 5.20-14 thin whitewall tires are mounted on the 14-inch wheels. The small diameter wheel rim and small tire combo add to the overall look of the car and help lower the vehicle. While there are many wheel manufacturers that build wire wheels for lowriders, the ones made by Dayton are seen as the ultimate wheel to have.

The lowrider look takes on many forms, from pure stock to wildly modified. Lowrider cars are built more according to tradition rather than according to the latest trend. A lowrider is more concerned about looks and style than about going fast.

Chrome plating is applied to a lowrider as freely as paint. Many components on the engine compartment of this 1967 Impala have been chrome plated, including the wheelhouses.

Se usa lámina de cromo en el superficie de un lowrider tan liberalmente como se usa pintura. Muchos componentes en el compartamiento de motor en este Impala de 1967 están cromiados, incluyendo "wheelhouses".

y los lowriders empezaron a comprarlos.

El cambio más grande en la apariencia de los coches de lowrider llegó cuando las ruedas extensivamente anchas de muchos rayos alambrados, como los de Dayton, se hicieron populares. Estas ruedas son de diámetros de 13-14 pulgadas, y la anchura más común era de siete pulgadas. El detalle que se destaca la más es la abundancia de los rayos alambrados enlazados en estas ruedas. Ruedas de ciento rayos son muy comúnes. Muchas ruedas de rayos alambrados están puestos con una sola tuerca grande de alas. Este estilo se llama "knock-off". También, muchas ruedas alambradas de los lowriders están laminadas de oro completamente o un componente como la pestaña, el cubo, o los rayos están dorados. La mezcla de oro y cromo en la rueda es un contraste muy atractiva.

Neumáticos de banda blanca del tamano 5.20-13 de la marca Premium Sportway están montados en ruedas de 13 pulgadas, y neumáticos de banda blanca del tamaño 5.20-14 están montados en ruedas de 14 pulgadas. La combinación de la pestaña de diámetro chico y el neumático chico añade a la apariencia general del coche y hace que aparezca mas bajo. Mientras hay muchos fabricadores de ruedas de rayos alambrados por los lowriders, los de la marca de Dayton se estiman más.

La apariencia de lowrider tiene muchas formas, desde completamente original de fábrica hasta lo que está completamente modificado. Los coches están reconstruidos más segun la tradición que según las tendencias corrientes. Al dueño de lowrider le importa más la apariencia y estilo que en la velocidad del auto.

CHAPTER 2

How Low Can You Go?

CAPITULO 2

¿A Cuánta Distincia del suelo es

When the first lowered bombs appeared on the streets, they were so low that there was very little ground clearance. A flat tire meant dangerous contact with the ground. The answer to this problem was an adjustable suspension.

Cuando los primeros "bombs" empezaban a presentarse, estaban tan bajos que apenas había distancia entre la carrocería y el suelo. Un neumático desinflado podía causar contacto peligroso con el suelo. La solución a este problema era la suspensión ajustable.

Bringing a car as close to the ground as possible is the goal of every lowrider. Lowering a vehicle is achieved through a combination of small tires and wheels and an adjustable suspension. A hydraulically controlled suspension system (hydraulics) is the most popular method for lowering a vehicle.

El deseo de cada dueño de lowrider es bajar el coche tan cerca del suelo como posible. Se puede llegar a este objetivo por una combinación de neumáticos y ruedas pequeñas y suspensión ajustable. Un sistema de suspensión controlado por hidraúlicos es el método más popular para bajar un coche.

The one key element that is undeniable in a true lowrider is the use of hydraulics to control the vehicle height. Prior to the installation of hydraulics (also known as "juice"), lowriders experimented with many different ways to lower their cars. Each of the solutions had several drawbacks with the biggest one being the fact that once the car was lowered using one of these methods, it would remain at that height until the springs were replaced. There was no way to temporarily adjust the ride height. This meant that cars would get caught on the tracks at railroad crossings and on speed bumps and often chassis parts were torn off. Local motor vehicle codes also restricted the ground-scraping attitude of these cars.

With the advent of hydraulic controls, lowriders could adjust the ride height of their cars to suit the situation. With hydraulics, the car could be fully dumped on the frame rails when parked, lowered for slow cruising, or held at a normal/legal ride height (or higher) when ascending steep driveways or traveling over uneven road surfaces.

Hydraulic installations have come a long way since the first ones were installed in the 1950s. At that time, all of the cylinders,

El elemento que uno no puede negar en el lowrider verdadero es el uso de hidraúlicos para controlar la altura del coche. Antes de instalar el sistema de hidraúlicos (también llamado "el jugo"), lowriders han experimentado con otros métodos de rebajar a sus coches. Cada solución tenía muchas desventajas, y la más grande era que el rebajar por el uso de los otros métodos, hizo permanente la altura del coche a menos que se cambeó las ballestas por nuevas. No había ninguna manera de ajustar la altura. Esto quería decir que los coches se cogieron en las vías ferreas y en las protuberancias de calle puestos para controlar la velocidad de los coches. A véces, los componentes del chasis se sacaron. Las reglas de manejar también restringen esta actitud de "rascar el suelo" que tienen los dueños de estos coches.

Con la llegada del sistema hidraúlico, los lowriders podían ajustar la altura de sus coches según la situación. Por el uso de hidraúlicos, el coche podía estar al extremo (es decir, descargado, o "dumped") cuando el coche estaba estacionado o rebajado para andar lentemente, o alzado para andar legalmente, o aún

Large, full-size cars, including this 1965 Chevrolet Impala station wagon, lend themselves well to hydraulic installations. The suspensions are easily modified and there is plenty of space in the back for batteries and hydraulic pumps.

Es posible instalar facilmente los hidraúlicos a coches grandes como este camioneta Impala de Chevrolet del 1965. Se puede modificar las suspensiónes con facilidad y hay espacio amplio en el trasero para las baterías y infladores hidraúlicos.

pumps, and hardware were surplus items from the aircraft industry. Many of the adapted components either failed or didn't work as the installer thought they would. With each failure came more engineering and better installation of hydraulic systems. Today's custom-manufactured lowrider hydraulic hardware is much more reliable than the surplus aircraft equipment. Installation techniques have evolved to produce a system that is far safer than the early lowriders could have ever imagined.

Today, the lowrider builder has the option of installing several different types of hydraulic systems. Each system is tailored to the car in which it is installed. A basic hydraulic system is composed of pumps, dumps, hydraulic cylinders, solenoids, switches, hydraulic lines, and batteries. The pumps, dumps, batteries, and solenoids are installed

The expansive trunks on 1960s cars are ideal for hydraulic pumps (4) and batteries (10). Strong racks are required to support the weight of the oversize batteries.

Las valijas extensivas de los coches de los 1960's son excelentes para infladores hidraúlicos (4) y baterías (10). Se necesitan rejillas fuertes para apoyar el peso de las baterías enormes.

This clean hydraulic installation in the trunk of a 1962 Chevrolet Impala features two chrome-plated pumps and six batteries (three batteries are out of view on the left). The trunk is fully carpeted and has audio equipment mounted in the forward section.

Esta instalación hidraúlica en la valija de un Impala de Chevrolet del 1962 consiste en dos infladores cromados y seis baterías (no se ven tres baterías a la izquierda). La valija esta totalmente cubierta de carpeta y el equipaje de sonido esta montado en la sección anterior.

alzado mas para ascender las calles empinadas o para navegar en las calles desiguales.

La tecnología de instalar las hidraúlicas ha progresado mucho desde el princípio en los 1950's. En este período de tiempo, todos los cilíndros, infladores y quincalla sobraban de la indústria de los aviónes. Muchos componentes ajustados no funcionaron como el obrador anticipaba. Con cada fracaso, había progreso hacía la instalación mejor del sistema hidraúlico. Hoy, la quincalla fabricada especialmente por los coches de lowriders es muy confiable y mucho mejor que los sobres de los aeronaves. Los métodos de instalación tambien han progresado y todo relato al sistema hidraúlico es más seguro que los primeros lowriders podían imaginar.

The spare tire well of this Impala station wagon lowrider has been converted into the storage space for the car's hydraulic equipment and CD changer. Chrome plating has been applied to the battery racks, hydraulic lines, and cover hardware.

En esta camioneta de Impala reconstruida, el receptáculo del neumático de repuesto está convertido para poner el equipaje de los hidráulicos y el cambiador de discos compactos. Los tubos hidráulicos, el pesebre de batería, y la quincalleria están laminados de cromo.

in the vehicle's trunk. The switches are located somewhere within easy reach of the driver, and the hydraulic cylinders are mounted on the chassis' spring seats.

The pumps are the heart of the lowrider hydraulic system. They produce the hydraulic pressure that is fed to the cylinders on each of the wheels. Each pump is about the size of a large automobile starter. In fact, many of the pump motors are made from converted starter motors. A pump consists of a powerful electric motor, a manifold (commonly called a "block"), and a reservoir for the fluid. A 20-weight, nondetergent oil is typically used. The block is where all the work is done. The pump gear set is located here. It produces the hydraulic pressure and also is the location from which the fluid is pumped to the cylinders. When a system "dumps," releasing the system pressure and lowering the car, the oil flows back through the block into the reservoir. Blocks are made out of steel or aluminum.

Hoy, en día la persona que reconstruye el lowrider tiene la oportunidad de escoger entre varios tipos de sistemas hidráulicos. Cada sistema está adaptado según las especificaciones del tipo de coche . El sistema básico se compone de infladores, baterías, valvulas de descarga (llamados "dumps"), cilíndros hidráulicos, solenoides, interruptores, y tuberías hidraulicas. Los infladores, válvulas de descarga, y baterías, y solenoides están instalados en la valija del coche. Los interruptores están instalados para que el chofer los alcance con facilidad. Los cilíndros hidráulicos están puestos en las ballestas del chasis.

Los infladores funcionan como el corazon del sistema hidraúlico. Producen la compresión hidraúlica que se alimenta a cada rueda. Cada inflador es del tamaño de un arrancador grande de auto. En realidad, muchos motores de infladores estan hechos de motores de arrancadores reconstruidos. Un inflador consiste en un motor eléctrico poderoso, un tubo multiple (generalmente llamado un bloque), y un tanque de fluido. Se usa un petróleo de pesa 20 no detergente. Todo el trabajo está concentrado en el bloque. El mecanismo del inflador esta aqui. Produce la presion hidraulica y tambien es el lugar desde que el fluido se bombea a los cilindros. Cuando un sistema descarga, suelta la presion del sistema y se baja el coche; entonces, el petróleo circula por el bloque hacía el tanque. Los tanques están hechos de aluminum o acero.

La presion del inflador y la circulacion estan controlados por los mecanismos y el tamaño del orificio de salida en el bloque. Infladores para competición de brincar necesitan mecanismos que pueden circular una cantidad grande de fluido tán rápido que sea posible. Por eso, se necesitan motores especializados de velocidad alta. Algunos sistemas usados para competiciones también dan presión de aire a los infladores para acelerar la velocidad de la reacción. El coche de lowrider que no

The vertical red cylinder is the hydraulic actuator for the right front wheel of this Impala. The hydraulic line attached to the top of the cylinder runs to the pump, which is mounted in the trunk. A cylinder similar to this one is located on each wheel.

En este Impala, el cilíndro parado del color rojo es el actuador de la rueda anterior de la izquierda. El tubo hidráulico que está ligado a la cima del cilíndro tambien esta ligado al inflador, montado en la valija. Un cilíndro semejante está situado en cada rue-

This early Chevy coupe is fully "locked up" (raised to the maximum height). One distinct advantage of a hydraulic setup is the ability to raise the car to travel over rough ground.

Este cupe antiguo de Chevy está alzado al nivel máximo ("locked up"). Una ventaja distinta del sistema hidraúlico es que se puede alzar el coche para pasear sobre el suelo desigual.

The pump pressure and flow are controlled by the gear set and manifold outlet size. Pumps for hopping competition require gearsets that can deliver a large amount of fluid as quickly as possible. This also requires specialized high-speed motors. Some of the competition systems also pressurize the pumps with air to accelerate the response time. The average street-driven lowrider does not need special gear sets or air pressurization to raise and lower the car. Line pressures range from 2,500 to 6,000 psi.

The car is lowered by returning the fluid from the cylinders to the pump. This is done with a dump valve, or simply a dump. A dump is a normally closed valve that, when activated, allows the fluid to flow into the block and then to the pump reservoir. Dumps are one-way valves that are controlled by a 24-volt solenoid. There are specialized dumps for hopping competitions, and lower-cost dumps for street-driven lowriders. The dumps for competition have a faster response time and have heavy-duty solenoids.

Mounted near each wheel is a cylinder. When this cylinder is pumped with hydraulic fluid, the car will rise. When the system pressure is released through the dump valve, the car will drop. The cylinders, which are about the size and shape of a standard automotive shock absorber, are solidly mounted to the frame. Each cylinder has a spring pocket (also called a "cup") attached to its piston rod. A low-profile coil spring is installed between the cylinder's cup and the lower spring pocket. When hydraulic fluid is pumped to the cylinder, it pushes down on the spring, thereby raising the car. When the pressure is released, the piston retracts into the cylinder, raising the cup and thereby lowering the car.

The electrical system required to operate the hydraulics is completely separate from the car's 12-volt system. It takes 24 volts to actuate the dumps, and between 12 and 96 volts

A Model A Ford is a highly unusual choice for a lowrider. This one has a Mustang II front suspension with hydraulics. The distance between the fully raised and fully lowered position is more than 12 inches.

Un Ford de "Model A" es una selección rara para convertir en un "lowrider". Este coche tiene suspensión anterior hidraúlica del Mustang II. La distancia entre el nivel más alto y el nivel más bajo es más de 12 pulgadas.

One of the advantages of elevating a car is that everyone is able to admire the fully chromed front suspension.

Un ventaja de alzar el coche es que todos pueden admirar el cromo en la suspensión anterior.

to run the pumps. This can mean having as many as 10 batteries in the trunk. The more voltage fed to the pumps, the faster they pump. It takes eight 12-volt batteries connected in a series to total 96 volts. To actuate the solenoids, either a tap is taken off two of the batteries for the 24 volts needed or two 12-volt batteries are dedicated for that use. Most street installations use between 36 and 72 volts for the pumps.

The batteries used for hydraulics in a lowrider are not standard automotive batteries. They are deep-cycle, sealed batteries, designed to be fully discharged. This extreme discharge would damage any standard automotive battery. Sealed batteries are used because the sudden movements can spill battery acid out of a standard battery, and they do not emit explosive gasses while charging. There is no on-board charging system for the batteries that control the hydraulics. They are separately charged prior to leaving the owner's garage. Because of the size and weight of the batteries (as much as 60 pounds each), a sturdy rack must be built in the trunk to hold them. Hopping places a great deal of stress on the battery racks. A loose battery in the trunk could be disastrous. All of the connections between the batteries are made with heavy-duty copper-core cables. Poor connections could lead to an electrical fire.

The hydraulic system is controlled by a switch panel that is either mounted on the instrument panel or by a switch box that is within reach of the driver. The number of switches varies based on what the owner wants to accomplish with the hydraulic

participa en las competiciones no necesita estos mecanismos ni esta presión de aire para bajarse y alzarse. La presión de tubería es desde 2,500 hasta 6,000 libras por cada pulgada cuadrada.

El coche está bajado por circular el fluido desde los cilíndros hasta el inflador. Este proceso está realizado por el uso de una válvula de descarga ("dump"). Esta válvula generalmente está cerrado, pero cuando está en acción, permite la circulación del fluido hacía el bloque hasta el tanque del inflador. Estas válvulas son de una sola dirección y están controladas por un solenoide de 24 voltamperios. Hay válvulas especializadas por competiciones de brincar, y a válvulas que cuestan menos por los coches que no participan en competiciones. Los coches de competición tienen válvulas con más velocidad de reacción y solenoides de servício pesado.

Un cilíndro está montado cerca de cada rueda. Cuando el cilíndro está inflado de fluido hidraúlico, el coche se alza. Cuando se suelta la presión del sistema, el coche se baja. Los cilíndros, cada uno del tamaño y forma de un amortiguador de choque, están montados a

The switches to activate a lowrider's hydraulic system are mounted within easy reach of the driver. In this 1962 Impala, the four switches are mounted on an aluminum panel on the lower left side of the instrument panel. Each switch is programmed for a specific function.

Los interruptores para actuar el sistema hidraúlico de este "lowrider" están montados a poca distancia del chofer. En este Impala del 1962, 4 interruptores están montados en un tablero de aluminium que está situado a la izquierda del tablero de controles. Cada interruptor tiene una función diferente.

system. The minimum number of switches is two, one for the front wheels and one for the rear wheels. A four-switch system can control front, rear, and side-to-side movement. Each switch adds an additional option of hydraulic action. The combination of switch functions and the operation of the switches allow the cars to hop and dance.

A lowrider owner must decide on the intended use of the car (street, hopping, or show) and then design a system to fit those needs. The installation requires careful

planning. A lowrider hydraulic setup is a complex system of hydraulics and electrical connections that can become a nightmare for an inexperienced mechanic. The installation of a hydraulic system begins with the routing of the hydraulic hoses and electrical wiring. The cylinders are mounted at the wheels, and the pumps and batteries are mounted in the trunk. Many installers reinforce the frame before the wiring is completed and the hydraulic connections made. Although frames on convertibles are stronger, they still need extra reinforcement due to the lack of structural strength in the body. Hopping, along with the additional weight of the batteries and pumps in the trunk, puts an additional strain on the frame. Hydraulic suspension systems need constant attention. Owners must expect and look for leaks, worn hoses, or corroded electrical connections. A broken hose can flood the trunk with hydraulic fluid in a matter of seconds, and an electrical short could mean a devastating fire. Even with their shortcomings, hydraulic suspension systems are seen by seasoned lowriders as the only system to have.

Recently, there has been a change in the way some lowriders achieve their ground-scraping look. These "rebels" have shunned traditional hydraulics for a system that uses inflatable air bags instead of springs. The air spring systems are easier to install and provide a superior ride to any traditional hydraulic system.

This beautifully trimmed 1950 Chevrolet lowrider has a removable switch panel mounted at the base of the console. The owner can remove the switch panel and actuate the hydraulics while the car is parked.

Este Chevrolet del 1950 tiene un tablero movible de interruptores montado en el base del tablero de mando. El dueño puede remover este tablero y actuar los hidraúlicos afuera del coche.

la estructura. Cada cilíndro tiene un receptáculo de ballesta (llamado una "taza" o "cup") juntado a la varilla de pistón. Se instala una ballesta de bobina con poco contorno entre el receptáculo del cilíndro y el receptáculo de la ballesta más bajo. Cuando el fluido hidraúlico está circulado al cilíndro, apreta la ballesta y el coche se alza. Cuando se suelta la presión, el pistón retrae en el cilíndro, causando que el receptáculo de ballesta alza y se rebaja el coche.

El sistema eléctrico necesitado para controlar los hidraúlicos no es parte del sistema de 12 voltios en el coche. 24 voltios están usados para activar las válvulas de descargar y desde 12 voltios hasta 96 voltios para controlar los infladores. Esto significa que es posible tener hasta 10 baterías en la valija. Los más voltios que avanzan a los infladores, lo más rapido que bombean. Se necesitan baterías de 12 voltios juntados en un serie de 96 voltios en total. Para poner en acción los solenoides, uno puede sacar el tapador de dos baterías para los 24 voltios que se necesitan, o se puede utilizar dos baterías de12 voltios. Los infladores de los coches de calle (no de competición) utilizan entre 36 y 72 voltios.

Las baterías del sistema hidraúlico en el lowrider no son las baterías que generalmente se usan en otros coches. Son de un circuito profundo, completamente encerradas, hechas para descargar completamente. Esta descarga extrema podría hacer daño en la batería típica de coche. Se usan las baterías encerradas porque los movimientos súbitos pueden causar a derramar el acido de las baterías típicas. También, las baterías encerradas no emiten gas explosivo. No hay un sistema en el coche para cargar las baterías de los hidraúlicos. Esas baterías están cargados antes de la salida del garaje del dueño. Como son grandes y muy pesadas (hasta 60 libras cada una), están puestos en un pesebre en la valija. La acción de "brincar" causa mucha tensión en los pesebres de batería. Un batería desatado podría ser muy peligrosa. Todas las conexiónes entre las baterías están hechas de cable de nucleo cobre. Conexiones débiles podrían causar un fuego eléctrico.

El sistema hidraúlico está controlado por un interruptor en el tablero del coche o en un recepteaculo cerca del chofer. La cantidad de interruptores depende en lo que quiere hacer el dueño con los hidraúlicos. A menos, se necesitan dos: uno de las ruedas en frente y uno de las anteriores. Un sistema de cuatro interruptores puede poner en acción el movimiento en el frente, el posterior, y a un lado al otro. Hay más alternativas con cada interruptor. La combinación de las funciones de los interruptores y la activación de ellos causan que los coches brincan y bailan.

El dueño tiene que decidir en el uso de su coche (andar en calle, brincar, or participar en competición) para planear el sistema. Se necesita mucho pensamiento para hacer el plan de instalarlo. Es como un red de hidraúlicos y conexiónes eléctricas que puede hacerse una pesadilla por el mecánico sin experiencia. Primero, hay que instalar los tubos hidraúlicos y los tendidos eléctricos. Los cilíndros están montados en las ruedas, y se montan los infladores y las baterías en la valija. Muchos mecánicos fortalecen la estructura antes de cumplir la instalación alambrica y hacer las conexiónes hidraúlicas. Aunque las estructuras de los convertibles son más fuertes, también necesitan fortalecimiento. La acción de brincar, junto con la pesa adicional de las baterías y los infladores en la valija, causa más tensión en la estructura. El mantenimiento del sistema de suspensión hidraúlica es muy importante. Los dueños deben anticipar y buscar aberturas, tubería fatigada, y conexiónes eléctricas desgastadas. Si una tubería se quebra, la valija puede estar inundado de fluido hidraúlico en segundos, y un corto circuito puede causar un fuego horible. A pesar

The low stance of this 1959 Impala is achieved by using an air suspension system. These systems use air bags to replace the car's coil springs. The owner can inflate and deflate the bags to get the desired vehicle height.

El nivel bajo de este Impala del 1959 está realizado por usar un sistema de suspension de aire. Bolsas de aire están usadas en lugar de las ballestas originales. El chofer puede inflar y desinflar las bolsas para mantener cualquier nivel que desea.

A Break from Tradition

Air suspension systems first appeared in the late 1950s. The 1957 Cadillac was the first car to use inflatable air bags instead of the conventional coil springs to support the car's weight. In 1958, this system was an option on General Motors' other full-size offerings, including the Chevrolet Impala. Chevrolet called its system "Level Air." Unfortunately, many of the Level Air systems failed because of some inherent engineering defects and poor maintenance. These failings gave air systems a bad reputation, and it would be decades before anyone would attempt to build or to install such a system. Recent developments in air suspension system technology have produced systems that are reliable and, best of all, adjustable.

Air suspension systems allow the car to go as low as any lowrider with hydraulics. The air suspension system offers a superb ride.

Con el sistema de suspensión de aire es posible rebajar el coche tan bajo como se puede rebajarlo con el sistema hidraúlico. Un paseo excelente está suministrado por el sistema de aire.

de estas desventajas, el sistema de suspensión hidraúlica está considerado como el único por los dueños de lowriders.

Recientemente, algunos dueños de lowrider han cambiado el proceso de rebajarse. Estos "rebeldes" usan un sistema que consiste en bolsas infladas de aire en lugar de ballestas. Es más fácil instalar este sistema nueva y el coche anda mas suavemente.

Una Violación de Tradición

Los sistemas de suspensión de aire se utilizaron por la primera vez en los años después de la mitada de los 1950's. El Cadillac del 1957 era el coche primero que usaba bolsas infladas de aire en lugar de las ballestas serpentines para apoyar la pesa del coche. En 1958, General Motors ofreció esta alternativa en los coches de tamaño grande, incluyendo el Impala de Chevrolet. Chevrolet llama este

An air ride system is composed of an electric air compressor, reservoir tank, air springs, and control switches. The compressor is mounted in the car's trunk. Most of these units are 1/5 horsepower and weigh less than 7 pounds. Their pressures range from 120 to 150 psi. The heavier the vehicle, the more pressure required to maintain the ride height. Also, the air tank is trunk mounted, with sizes varying from 1 to 3 gallons. This tank provides

The owner of this bomb converted the levers for the car's heater controls (barely visible behind the steering wheel hub) to actuate his air suspension system. The air pressure gauge is tucked below the instrument panel near the emergency brake handle.

El dueño de este "bomb" reconstruyó las palancas de mandar el calentador (situadas atrás del cubo del timón) para actuar el sistema de la suspensión de aire. El marcador de la presión de aire está abajo del tablero cerca del freno de emergencia.

sistema "Nivel de Aire" ("Level Air"). Desgraciadamente, muchos sistemas de este tipo se fracasaron porque no estaban bien mantenidos y habían unos defectos mecánicos. Los sistemas de aire adquirieron una reputación mala y pasaron muchas decadas sin probarlos de vuelta. Los desarollos recientes en la tecnología del sistema de suspensión de aire han producido sistemas confiables. Lo mejor de todo es que se puede ajustarlos.

El sistema de aire consiste en un compresor eléctrico de aire, un tanque, ballestas de aire, y interruptores de activación. El compresor esta montado en la valija del coche. Los compresores generalmente son de 1/5 caballo de vapor y pesan menos de 7 libras. La presión de ellos está entre 120 to 150 libras por cada pulgada cuadrada. Lo más pesado el coche, la más presión que se necesita para mantener el nivél del paseo. También, el

The controls for the air suspension system consist of two rocker switches on the console. The pressure in the air tank reservoir is monitored by gauges that are located above the rocker switches.

Los mandos del sistema de aire consisten en dos interruptores osciladores situados en el tablero. La presión en el tanque de aire se observa por dos indicadores puestos arriba de los interruptores osciladores.

the reservoir of compressed air. On each wheel, the coil springs are replaced with an air bag or air spring. On cars with leaf springs, the air bag is placed between the leaf spring and the frame rail. Today's systems have air springs that are designed for each specific application. Rocker switches control the ride height and are installed within easy reach of the driver. Also installed is a pressure gauge to allow the driver to monitor the system's pressure. These switches actuate the air valves, which will either inflate or deflate the bags to raise or lower the car.

The air suspension systems do not raise or lower the car with the same speed as a hydraulic system. Raising a lowrider with hydraulics from the ground to its maximum height may take at most 2 seconds. That same car with an air system may take 15 to 20 seconds. This speed can be improved by adding a larger tank and larger lines going to the air springs. Nevertheless, the air system will never match the hydraulics for speed.

One of the other benefits of air suspension technology is less weight due to the fact that the system does not need a dedicated set of batteries to operate it. The compressor operates off the car's 12-volt electrical system. Most owners install a larger, deep-cycle battery and a higher output alternator to compensate for the compressor's additional draw on the electrical current. Because a car with an air suspension system can't be hopped, there is no need to reinforce the frame. If a line should break, there won't be a slimy mess of hydraulic fluid in the trunk or under the car. The only thing that you'll hear is just the gentle hissing of air as the car settles to the ground.

The biggest advantage of the air spring system is the unparalleled ride. When Ricky Munoz built his 1959 Impala lowrider, he was faced with the decision of whether or not to install hydraulics; he chose the air spring system. Munoz feels that the only reason to install hydraulics in a lowrider is if the owner wants a car that can be hopped. When asked why he liked the air suspension system in his car he said with a smile, "Because it rides like a Lexus."

Lowrider suspensions have come a long way from the days when a few sandbags were thrown in the trunk. Today, anyone building a lowrider has two solid choices for dropping his or hercar down to the ground. The traditional hydraulic system will always be seen as the only way to lower a lowrider, but the new, younger generation of lowriders will be exploring other designs, looking for the best compromise of traditional looks, ease of installation, and a smooth ride. Whatever system the owner prefers, the goal is the same: to get the car as low as possible and be able to raise it up to a street legal height for driving.

tanque de aire esta montado en la valija, con capacidad desde uno hasta tres galones. Este tanque sirve como receptáculo de aire compresado. En cada rueda, se instala un bolsa de aire o una ballesta de aire en lugar de las ballestas serpentines. En los coches con ballestas, la bolsa de aire está instalado entre la ballesta y la baranda de la estructura. Los sistemas de hoy consisten en ballestas de aire que están diseñadas según especificaciones. Los interruptores osciladores estan instalados a poca distancia del chofer para controlar la altura del paseo. El puede inspeccionar la presión del sistema con un marcador de presión. Los interruptores activan las válvulas de aire, las cuales inflan o desinflan las bolsas para alzar o rebajar el carro.

Los sistemas de suspensión de aire no alzan or rebajan el coche tán rápidamente como el sistema hidraúlico. Los sistemas hidraúlicos pueden alzar el coche desde el suelo hasta el nivel máximo en menos de dos segundos. Los sistemas de aire necesitan desde 15 hasta 20 segundos para alzar el mismo coche. Se puede aumentar la velocidad del proceso por utilizar un tanque más grande con tubería más grande para conectar a las ballestas de aire. Sin embargo, el sistema de aire no puede funcionar con tanta velocidad como el sistema hidraúlico.

Una ventaja de la tecnología de la suspensión de aire es que, pesa menos porque no se necesitan baterías separadas para funcionar. El compresor utiliza el poder del sistema eléctro de 12 voltios. Muchos dueños instalan una

batería más grande de circuito profundo y un alternador con mejor producción total para compensar por el uso del corriente eléctrico. No es necesario fortalecer la estructura del coche porque no se puede hacerlo brincar si tiene suspensión de aire. Si una tubería se quebra, no habrá un fluido viscoso de los hidraúlicos en la valija o abajo del coche. Lo único que uno oirá es el silbido suave del aire mientras el coche se baja al suelo.

La ventaja más importante del sistema de las ballestas de aire es el paseo sin igual. Cuando Ricky Muñoz reconstruyó su lowrider de Impala del 1959, tenía que decidir si iba a instalar los hidraulicos. Escogió las ballestas de aire. Muñoz piensa que la única razon para escoger hidraúlicos es si uno quiere hacer brincar el coche. Cuando estuvo preguntado porque a el le gustó el sistema de aire, contestó con una sonrisa: "Porque pasea como un Lexus."

Las suspensiónes de lowrider han progresado mucho desde los días de echar unas bolsas de arena en la valija. Hoy alguien que quiere construir un lowrider puede escoger entre dos métodos buenos para bajar el coche a suelo. El sistema hidraúlico tradicional siempre se considerará como el único método para rebajarse, pero la generación más joven de lowriders buscarán otros diseños, con el intento de encontrar la mejor combinación de apariencia tradicional, instalación fácil, y el paseo suave. El objetivo será lo mismo: rebajar el coche lo más posible y poder a alzarlo al nivel legal para andar en la calle.

CHAPTER 3

Lowrider Bikes

CAPITULO 3

Los Bicicletas de Lowrider

Fernando Lucero and his son, Fernando Jr., worked together on this lowrider bike. They named it *El Parke*, in reference to San Diego's Chicano Park.

Fernando Lucero y su hijo, Fernando Jr., trabajaban juntos en reconstruir esta bicicleta de "lowrider". El nombre, "El Parke", se refiere al Parque Chicano de San Diego.

American kids have always modified their bicycles. In the 1950s, front fenders were removed and rear fenders were bobbed to make the bicycle look like a motorcycle that had been modified by a member of an outlaw motorcycle club. Chrome crash bars (often called sissy bars) were one of the added accessories, once again adapting an idea of something usually added to a motorcycle. Mirrors, handlebar streamers, and accessory lights were also added. For a few dollars, any kid could personalize his or her bike. Large "ape hanger" handlebars were also popular. A kid could pull on these tall bars and pull the front wheels off the ground, thus performing what became known as a "wheelie."

It was only a matter of time before bicycle manufacturers saw a new marketing opportunity. As custom bikes became more elaborate and popular, manufacturers began building bikes with the look of a chopper-style motorcycle, featuring raised handlebars and lengthened seats. The geometry of this design gave enough leverage to any rider wanting to "pop a wheelie." Schwinn released its little bikes with banana seats in the mid-1960s. They

As with the cars, lowrider bikes come in many different styles. Today's basic street bike resembles the wheelie bike that was first produced in the 1960s.

Como los coches, las bicicletas de lowrider son de muchos estilos. La bicicleta básica de la casa tiene una aparencia semejante a la bicicleta de "wheelie" producido originalmente en los 1960's.

Los ninos americanos siempre han modificaclo a las bicicletas. En los 1950's, removieron la defensa de frente y cortaron la defensa posterior para realizar la apariencia de un motocicleta modificado por el miembro de una organización de motociclistas rebeldes. Barreras de choque (llamados "barreras para los timidos", o "sissy bars") eran un accesorio popular y eran otra modificación parecida a las de motocicleta. Añadian también espejos, gallardete de los manillares, y lámparas. Por unos pesos, cualquier niño podia prestar carácter individual a su propio bicicleta. Manillares grandes (llamados "ape hangers") eran populares. El niño pudo agarrarlos para arriba y levantar al aire la rueda anterior, así ejecutando el acto popular llamado el "wheelie".

En poco tiempo, los fabricantes de bicicleta descubrián una oportunidad nueva. Cuando las bicicletas modificadas se hacían más ornamentales y populares, los industriales empezaron a construir bicicletas parecidas a las motocicletas del estilo "chopper", con manillares alzadas y asientos más largos. Con el diseño de estas bicicletas, era posible levantar la rueda y dejarla caer bruscamente; o, el acto de "popping a wheelie". Schwinn empezó a fabricar las bicicletas con asientos en la forma de un plátano en la mitad de los 1960's. Se llamaban "wheelie bikes" (bicicletas de alzar la rueda anterior). Los pusieron nombres como "Sting Ray" ("Pastinaca"), Orange Krate ("Canasta Anaranjada"), y "Fastback" (nombrado por los automóviles populares de techo en forma de curva eninterrumpida). Esta tendencia nueva cambió totalmente el estilo de bicicletas en los Estados Unidos. Estas bicicletas de estructura pequeña, deseñadas originalmente para niños chicos; eran modificadas para niños más grandes. Las bicicletas del estilo "chopper" eran las primeras con el propósito de divertirse en lugar de transportarse. Si uno quería viajar por un rato en

Today these lowrider bikes can be purchased by mail-order catalogs and assembled with a variety of options and accessories.

Ahora, estas bicicletas de "lowrider" se pueden comprar en catalogos de pedir por correo e ensamblar con una variedad de accesorios y modificaciónes.

Custom lowrider bikes have their frames modified and sculpted using a plastic body filler. These "Bondo bikes" are a highly expressive art form.

Bicicletas modificadas al estilo "lowrider" estan reconstruidas e esculpidos con bloque plastico de relleno. Estas bicicletas de Bondo ("Bondo Bikes") son un tipo de arte muy expresivo.

were known as "wheelie bikes." With names like Sting Ray, Orange Krate, and Fastback, these bikes revolutionized bicycling in America. These were small-frame bikes, originally designed for small children, that were adapted for a larger child. These chopper-style bicycles were the first bikes designed for fun, rather than for serious transportation. Riding any long distance on a banana seat would let the rider know that these bikes were intended only for short rides.

With the advent of the BMX bike craze came the demise of the wheelie bikes. These now-unwanted wheelie bikes could be purchased for pennies on the dollar by any parent without the financial resources to purchase the latest high-priced craze. Many Chicano kids received their first bicycle in the form of one of these used wheelie bikes. Doing what their parents and grandparents had done with used automobiles, kids repaired and restored these used bikes. Next, they wanted to add an accessory of some kind to make the used bike look as cool as possible. These young bike riders also tried to imitate their fathers and older brothers by adding

Twisted metal components were pioneered on lowrider bikes. The elliptical chrome-plated components create multiple surfaces to reflect light.

Los componentes de metal torcido tienen sus origenes en las bicicletas de lowrider. Estos componentes cromiados forman un elipse que refleja luz en cada uno de los muchos contornos.

este asiento, sabría pronto que estaba construido por viajes breves.

El entusiasmo por las bicicletas de wheelie se falleció con la avanza de las bicicletas de BMX. También se falleció el precio de las bicicletas de wheelie. Porque no eran populares como antes, los padres con poco dinero podián comprarlas bien baratas. Era común que un niño recibió un bicicleta "wheelie" de segunda mano como su primera bicicleta. En la misma tradición de sus padres y abuelos, el niño reconstruía y restauraba a la bicicleta. Todos los niños querían poner accesorios para hacerlas de la apariencia más suave. Los jovenes querían también mimar a los padres y hermanos mayores por añadir adornos de lowrider. Buscaban ideas de sus familias y amigos y la sabidura para crear una obra maestra. La tendencia de modificar es inevitable, pero nadie podía predecir los cambios tremendos empezados por los jovenes Chicanos de Los Angeles. Querían hacer sus bicicletas tan únicos como los coches manejados por sus hermanos mayores, padres, y abuelos. Como los coches antes, un arte nuevo—la bicicleta de lowrider—emergió de la mezcla de la cultura y la modificación.

Como los coches de lowriders, las bicicletas de lowrider son de muchos estilos desde las que tienen pocas modificaciones hasta las maquinas radicales con hidraúlicos que se presentan en competición. Por modificar sus bicicletas, los jovenes Chicanos tienen la oportunidad de aprender estrezas artísticas y mecánicas. Muchas veces el hijo y su papa lo crean juntos. El padre le enseña a trabajar en metál, pintar, y los básicos del mecánico, junto con la historia Chicana. Cuando acaban, la bicicleta exhibe muchos elementos artísticos del coche lowrider.

Al princípio, las modificaciónes eran sencillos, nada mas que añadir las banderolas de los manillares, espejos, y lámparas. Los cambios se hacen más complejos hasta cortar y bajar la bicicleta. Al princípio, usaban la pintura pulverizadas; luego, empezaron a usar pintura con chispas de metal y colores brillantes ("candy colors") y añadir murales y rayos finos. En lugar de comprar un asiento nuevo y cambiarlo, instalaron uno que estaba modificado y tapizado. No hay limites en modificar las bicicletas de hoy.

lowrider touches to their bikes. They looked to family members and friends for the inspiration and know-how needed to create a one-of-a-kind masterpiece. Customization is inevitable, but no one envisioned the radical changes that were going to be created by the Chicano kids in Los Angeles. They wanted to make their bikes as unusual and unique as the lowrider cars that their older brothers, fathers, and grandfathers drove. Like the lowrider cars, a new art form—the lowrider bicycle—was born from the blend of customization and cultural art.

Like lowrider cars, lowrider bikes take on many forms, from simple modifications to radical show-quality machines with hydraulics. Lowrider bikes give young Chicanos an opportunity to learn mechanical and artistic skills. The creation of a lowrider bike is often a collaboration between father and son. The father teaches the son metal work, painting, and mechanical skills, along with a dose of Chicano history. The finished bicycle exhibits many of the same artistic elements as the lowrider car.

Initially, modifications were as simple as adding handlebar streamers, mirrors, and lights. Modifications then became more complex, including chopping and lowering. Painting a bike with a can of spray paint has evolved to include the use of metalflake and "candy" paints, as well as murals and pinstripes. Replacing a seat purchased at the bike shop has changed to installing professionally reupholstered, custom-made seats. There are few limits when it comes to customizing today's lowrider bikes.

Most lowrider bicycles are for street use. Kids either restore and renovate an old bike, or buy one from a bicycle manufacturer that specializes in lowrider bikes. Mail-order houses give the young lowrider either a complete lowrider bike or easy access to a long list of bolt-on parts to upgrade any bike. A popular

Lowrider bikes all have names similar to the lowrider cars. *Spanky* has the tank area of the frame filled (with Bondo) and is painted a vivid orange with pinstripe accents.

Las bicicletas de "lowrider" tienen nombres semejantes a los de los coches. El espacio para el tanque en la estructura de "Spanky" esta rellenado de Bondo y pintado del color anaranjado con rayas finas.

La mayoría de bicicletas lowrider son para pasear en la calle. Los jovenes reconstruen una bicicleta gastada o compran una nueva de un fabricante que especializa en las bicicletas de lowrider. Pueden escribir a los almacenes de ventas por correo para pedir una bicicleta ya hecha de lowrider o adquirir una lista de componentes y adornamientos. Un accesorio popular es la nueva horquilla del estilo de ballestas para bajar el nivel de la bicicleta. Estas horquillas de bajo contorno se llaman "slammers" porque dejan caer bruscamente la rueda anterior de la bicicleta.

Las modificaciones extremas se hacen con Bondo, un plástico que altera los contornos de la estructura de la bicicleta. Las bicicletas modificadas en esta manera se llaman "bicicletas de Bondo" (Bondo bikes). Estas bicicletas son de un arte y estilo que sobrepasa el mundo de los coches de lowrider. Las bicicletas de Bondo estan creados por el uso de lámina metálica para llenar espacios grandes en la estructura. Bondo se usa para esculpir sobre la forma metálica.

Es muy común colgar abajo de la barra de encima un receptáculo parecido a un tanque pequeño de motocicleta. Para construir el tanque, una lámina metálica de la forma de un triángulo está puesto con soplete entre las dos barras de encima. El Bondo se aplica a este superficie. Se añaden muchas capas hasta realizar la forma básica que el dueno desea. Bondo es un buen medio para modificaciónes porque se puede lijarlo fácilmente. Cuando la forma básica está hecha, está cubierta con la primera mano de pintura, lijado, y pintado con las capas finales.

Las faldas de las defensas anteriores y posteriores se construyen en la misma manera, y también las estructuras completas inclusivo al asiento. Los dueños no andan en estas bicicletas, y por eso, nunca están expuestas a los extremos de la temperatura. As

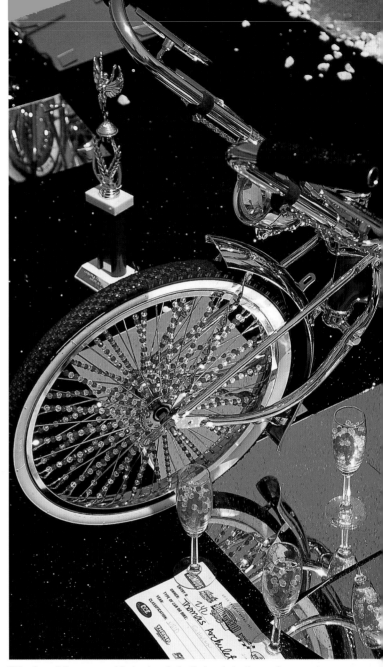

This clever bike owner added colored plastic beads to the spokes of the wheels. The colors add to the sparkle of the bike.

El dueño ingenioso de esta bicicleta puso abalorios de varios colores en los rayos de rueda. Los colores dan un aspecto brillante a la bicicleta.

accessory is the new springer-style front fork that lowers the bike. These low-profile forks are called "slammer" front ends.

Radical customizing of lowrider bicycles is done using a plastic body filler known as Bondo. Bikes customized in this manner are called "Bondo bikes." These bikes exhibit art and style that go beyond the realm of lowrider cars. Bondo bikes are created by using sheet metal to fill in large, open areas within the frame. The plastic body filler is then sculpted over the metal frame.

A common modification is to create what looks like a small, motorcycle gasoline tank just under the top support bar of the frame. To build a tank, a triangular piece of sheet metal is welded between the top and upper frame support bars. This provides a large surface on which the filler is applied. Many layers are added to achieve the basic design shape that the customizer wants for the finished look. Because the plastic filler can be sanded easily, it's an excellent medium for customization. Once the basic shape has been created, it is sprayed with primer, sanded, and painted.

Full-skirted front and rear fenders can also be constructed from these materials, along with fully sculpted frames that include

The forward rake of the handlebars is part of the lowrider bike look. The low, springer-style front end is called a "slammer."

La inclinación delantera de los manillares es parte del estilo "lowrider." El anterior bajado en el estilo brincador se llama "slammer".

This lowrider bike features gold plating, a "fat man" steering wheel, and a small television set.

Esta bicicleta del estilo "lowrider" se destaca por la lamina de oro, el timón de gordón (de tamaño chico para dar cabida al hombre amplio) y un televisor pequeño.

The large panels created on "Bondo bikes" give the owner another avenue of artistic expression. On the side of this green metal-flake bike is a mural depicting an Aztec warrior with San Diego's Chicano Park in the background.

Los paneles grandes construidos en los "Bondo bikes" dan otra oportunidad de expresarse artisticamente. En el lado de esta bicicleta de pintura verde con chispas de metal, hay un mural de un guerrero azteca parado en frente del Parque Chicano de San Diego.

quedan se intactos. La única desventaja es que el exterior de la bicicleta puede romperse si se caiga.

Para mantener el contorno bajo de la estructura, deseado por la mayoría de los duenos, es necesario cortarla en segmentos. Es posible reducir el tamaño de la estructura, aumentarla, o hacer los dos. Se puede alterar el ángulo del montaje de la horquilla anterior.

Algunas veces el dueño hará todas las cosas mencionadas para realizar el contorno mas bajo. ?Cuál es lo mas bajo? En algunas bicicletas, el nivel esta tan bajo que los pedales rascan el suelo. En otras, la cadena del engraje de la rueda se arrastra en el suelo. Estas bicicletas están construidas para competir en exhibiciones, no para pasear en el camino.

Custom-made tricycles are also part of the lowrider bike world. They feature many of the same modifications found on two-wheeled bikes.

Triciclos modificados también son un elemento del mundo "lowrider." Se caracterizan por las mismas modificaciónes que distinguen los coches.

Lowrider bikes and tricycles are always part of a lowrider car show. This trike, with a very unusual rear seat, is on a rotating display stand.

Siempre se ven las bicicletas y tricilos en las exhibiciónes de lowrider. El triciclo en esta foto, con su asiento trasero, muy incomún, está en un mostrador giratorio.

a seat. Because these radical bikes are never ridden and generally don't experience temperature extremes, the plastic body filler remains intact. The only drawback to using the plastic body filler is that it might crack if the bike falls over.

To obtain the low profile that most bike owners are looking for, it's necessary to cut and section the frame. Frames are either cut down, lengthened, or both. The angle of the front fork mount can also be changed. Some-times the young customizer will do all of the above to achieve the lowest possible profile. How low is low? Some bikes ride low enough for their pedals to be in contact with the ground. On others, the chain sprocket on the pedal crank is allowed to drag. These extreme bikes are for show and are not intended to be ridden.

One of the features seen only on lowrider bikes is the artistic use of "twisted metal." Twisted metal is created from square or flat

The rear fender of this bike has an added skirt with a mural featuring a religious theme. The finely trimmed seat is removed from the bike in order to reveal the gold-plated seat pan.

La defensa posterior de esta bicicleta está arreglada con una falda en que está pintada un mural de tema religioso. Se removió el asiento bien adornado para revelar el receptaculo dorado de apoyo del asiento.

El uso de "metal torcido" ("twisted metal") es una característica que distingue las bicicletas de lowrider. El metal torcido esta creado por calentarlo a temperaturas extremas. Mientras una extremidad esta fijá, la otra está girada hasta el metal tiene la apariencia de una trenza. Metal torcido está puesto en las formas de los manillares, el arrancador de pie, las horquillas anteriores, o cualquier componente de las bicicletas, incluyendo los rayos de las ruedas. Cuando el metal torcido es de la forma deseada, está llaminado de oro o cromo. Componentes de metal torcico laminado de cromo brillan en una manera única.

Cada parte del superficie refleja brillantemente la lúz.

Los neumáticos de banda blanca son equipo regular en las bicicletas y coches de lowrider. Algunos dueños escriben el nombre de la bicicleta en la banda. Otros pintan un diseño de colores complementarios a los del resto de la bicicleta.

Los neumáticos están montados en ruedas especiales de muchos rayos, como las ruedas de los coches de lowrider. Están laminados extensivamente de oro y cromo. Se añaden mas rayos, hasta un total de 144 en una rueda de 20 pulgadas. Los rayos no están

steel stock that has been heated to high temperatures. While one end is held stationary, the other end is rotated to twist the metal like a strand of licorice. Twisted metal is then shaped into handlebars, kickstands, front forks, or any other component for the bike, including wheel spokes. Once the twist is formed, the part is then chrome or gold plated. Chrome-plated, twisted metal components give off a unique sparkle. Each twist in the metal adds a surface that catches the light and produces a brilliant reflection.

Sparkling-clean whitewall tires are standard equipment on lowrider bikes, as they are on lowrider cars. Some owners use the sidewall as a background on which to paint the bike's name. In addition, a painted design can be added to complement the paint scheme on the bike.

The wheels on which those tires are mounted are also special and patterned after the densely spoked design used on the lowrider cars. Gold and chrome plating are used extensively on lowrider bike wheels. Extra spokes are added to the wheels, featuring as many as 144 spokes on a 20-inch wheel. Instead of the usual crossed lacing found on standard bicycle wheels, lowrider wheels use the spokes as another design element. Spokes can be arranged in a radial fan pattern or in several other patterns that have crossing spokes. Brightly colored beads are also added to the spokes on some bikes. Many of the radical custom bikes add a continental kit tire mounted on the rear.

Twisted metal has been used quite effectively on the handlebars and front forks. Lowrider bike owners have rewritten the book on how to lace a wheel with spokes.

Metal torcido se usa efectivamente en los manillares y las horquillas anteriores. Los obreros de estas bicicletas han creado un estilo unico de enlacer la rueda de rayos.

arreglados en el diseño regular de las ruedas de las bicicletas; en cambio, están puestos en diseños distintivos. A veces, se ponen en la forma de un abaníco u otra configuración en que se cruzan. A veces, los rayos llevan abalorios de colores brillantes. Frecuentemente, un neumático de repuesto (llamado un "continental kit" o "bumper kit") está montado atrás.

Una ventaja del uso de Bondo en la bicicleta es que hay más superficie para pintar. Los tipos de pintura más populares son de chispas metálicas o de los colores brillantes que se llaman "candy colors" (colores de caramelo). Aunque no hay mucho superficie en la estructura, los dueños lo acrecentan al maximo por pintarlos con festones, artes gráficas, y murales. Las murales son del tema tradicional de los lowriders: el orgullo Chicano, la historia pachuca, y los guerreros Aztecas. Como los superficies están limitados, los pintadores tienen que hacerse novedosos en presentar el arte.

En las exhibiciónes, se determinan las categorías por el extremo de modificación a la estructura. Las bicicletas hechas en los Estados Unidos antes de los 1980's forman un tipo de

No detail is overlooked on a lowrider bike. Even a standard seat can be the canvas for an attractive graphic design.

No se puede faltar ningun detalle en la bicicleta "lowrider". Aún el asiento puede ser la tabla para un diseño de dibujos lineales.

The frame on this bike has been cut in two places, and twisted metal sections have been added. The tank area has been filled, and a rear skirt has been added prior to the application of green metal-flake paint.

Se cortó en dos la estructura de esta bicicleta y se añadieron unas secciones de metal torcido. El espacio de tanque esta rellenado de Bondo, y una falda de la defensa posterior estuvo añadido antes de pintarlo con pintura verde de chispas metálicas.

Cartoonlike murals decorate this award-winning lowrider bike.

Murales del estilo de las caricaturas adornan esta bicicleta, ganador de premios.

clasificación. Estas bicicletas originales pueden tener no más de una modificación, el cambio a la pintura original a una que no se usaba en esos años. El Schwinn Orange Krate, o bicicleta de "wheelie", restaurado para asemejar a la motocicleta del estilo "chopper" atrae muchos espectadores. La categoría "Street Custom" (modificada a la calle) es para las bicicletas de ninguna o poca modificación, sin Bondo. Incluidas en esta clase son las bicicletas para pasear en la calle. La próxima clasificación, "Mild Custom" consiste en bicicletas de dos alteraciones, pintura especial, y sin limite de componentes añadidos.

En la clase llamada "Full Custom", hay tres modificációnes a la estructura, tapizado, accesorios, y componentes añadidos despues de la fabrica. Las bicicletas de cambios extremos son de la categoría "Radical Custom." Ellas, también, tienen tapizado, accesorios y componentes distintivos; encima de todo eso, necesitan tener cuatro alteraciones estructurales.

Hay triciclos modificados también. Los de tres ruedas estan reconstruidos de una bicicleta estandar con un eje trasero añadido. Cajas en el posterior estan hechas de lamina metalica o vidrio fibroso. Formas modificadas están construidas con el mismo proceso de Bondo que se usa en otras partes de la estructura. En las competiciones, los triciclos forman su propia categoría.

Los hidráulicos son un cambio reciente en las exhibiciones. Los sistemas son compuestos de dos cilíndros pequeños juntados a

One of the benefits of adding body filler to a lowrider bike is that it increases the amount of surface area on which to apply custom paint. The most popular types of paint include metal flake and candy-tone paint. Lowrider bike owners make the best of the minimal bodywork by adding attractive scallops, graphics, and murals. The murals depict traditional lowrider themes of Chicano pride, *pachuco* history, and Aztec warriors. Because of the limited space for a mural on a bicycle, the artists have learned to be more innovative in displaying their art on such small surfaces.

At lowrider bike shows, classes are determined by the level of modification done to the frame. There is a class for original or restored pre-1980s American-made bikes where the only modification allowed is a nonoriginal paint color. This is the class where a restored Schwinn Orange Krate (the original wheelie chopper-style bike) will draw a large crowd. The Street Custom class is designed for a mildly modified bike with only one (or no) modification to the frame and no plastic body filler. This class includes bikes that can be ridden on the street. A Mild Custom lowrider bike class consists of bikes with as many as two frame modifications, custom paint, plus an unlimited number of aftermarket components. The Full Custom bike class stipulates three frame modifications, custom upholstery, and aftermarket accessories and components. The Radical Custom class is the go-for-broke version of the lowrider bike. These bikes are required to have four frame modifications, custom upholstery, and custom components and accessories.

Custom tricycles are also part of the lowrider bike world. These three-wheelers are built using a standard lowrider bicycle frame with an added rear axle. Rear boxes on the tricycle are formed from either sheet metal or fiberglass. Custom shapes are often added using the same body filler technique used on the frame. At lowrider shows, tricycles are placed in their own class and do not compete against two-wheel bikes.

One of the latest modifications to lowrider show bikes is hydraulics. These systems are composed of two small cylinders attached to the bike's front wheel. Lines from these cylinders run to a pump that is either part of the display for a two-wheel bike, mounted in a custom trailer behind a two-wheeler, or mounted in the back of a tricycle. Like most of the components on show bikes, hydraulics are there for a special effect. Although they are installed as a working component, they are not intended to be functional. Extensive audio systems have been added to many bicycles. The components for these systems are mounted in a small trailer (for a bicycle), or in the rear compartment of a tricycle.

Lowrider bicycles are probably the fastest growing segment of the lowrider hobby. They blend the art and style of lowrider cars into an entirely new two-wheeled medium. Lowrider bikes are the introduction to lowriding for young men and women who want to gain the skills necessary to build a lowrider car. Lowrider bike owners have organized their own clubs patterned after car clubs. Many lowrider car clubs have opened up their memberships to include lowrider bicycles.

la rueda anterior de la bicicleta. Hay tubería entre estos cilíndros y un inflador. El inflador, montado en un vagón de remolque, es parte de la presentacion de una bicicleta de dos ruedas. En el triciclo, se monta el inflador en el posterior. Como otros componentes de las bicicletas lowrider, los hidraúlicos son para una impresión particular. Aunque están instalados para funcionar, no se usan. Muchas bicicletas tienen sistemas de sonido. En las bicicletas, el sistema está montado en el vagón de remolque. En el triciclo, el sistema está montado en el compartamiento trasero.

La modificación de las bicicletas es la parte del pasatiempo que está creciendo lo más rápido. Crean un modo original y nuevo por mezclar el arte y estilo de los coches. Las bicicletas son una introducción al mundo lowrider para jovenes quienes quieren adquirir las estrezas necesarias para construir un coche lowrider algún día. Los dueños de bicicletas lowriders forman sus propias organizaciónes parecidas a las de los coches. Muchas organizaciones de coche incluyen los dueños de bicicletas de lowrider también.

If you look carefully, you can see that the rear frame of this bike has been cut, sections were removed, and then welded back in place slightly out of register. Gold plating covers everything that has not been painted in a deep candy red.

Si uno mira con cuidado, ve que la estructura está cortado en dos, algunas secciónes se sacaron, y soldados de nuevo para formar ángulos irregulares en la estructura. Lo que no está pintado del color rojo de caramelo está laminado de oro.

CHAPTER 4

Livin' the Lowrider Life

CAPITULO 4

Vivir la Vida de Lowrider

What could be more fun than cruising with your friends in a 1950 Chevy lowrider? This bomb has been raised enough, with the help of hydraulics, to be legal for street driving.

?Cual entretenimiento puede ser mas divertido que dar un paseo con sus amigos en un lowrider de Chevy del 1950? Por el apoyo del sistema hidraúlico, este coche esta alzado al nivel legal para andar en la calle.

Lowrider shows and displays give the builder a chance to show off in front of peers. This 1951 Chevy named *El Corazon* was one of the many cars displayed at the Petersen Automotive Museum in Los Angeles.

Las exhibicionés y despliegues de "lowrider" dan al obrador la oportunidad de sacar a relucir entre los compañeros. "El Corazon", este Chevy del 1951 estaba desplegado en el museo Petersen de Los Angeles.

Lowriders love to cruise in their cars. The idea is to be seen riding low and slow. Unlike hot rods and muscle cars, which are built for quick acceleration and high speed, lowriders are designed to cruise slowly. If you're going too fast, no one will be able to see the many details of your car. Being seen is what it's all about.

Lowriding, and its relationship to slow cruising, goes back to a time in old Mexico when people didn't have cars. As in any old city or small village, the central gathering place was the town plaza. In Mexico, people would go to the central plaza on a Saturday night. Young men and women would dress in their finest clothes and promenade slowly around

A los lowriders les encanta pasear en sus coches. El objetivo es que todo el mundo les ve dando un paseo lento, suave, y bajo. Se distinguen de los carros de carreras ("hot rods" y "muscle cars") porque ellos tiene el proposito de acelerar rapidamente y mantener una velocidad alta. En la otra mano, los coches de lowrider estan diseñados para pasear lentamente. Si el coche pasea rapidamente, nadie podrá ver todos los detalles. El propósito es estar visto.

Lowriding, y la conexión con el paseo lento, tiene sus orígenes en los días antiguos de México cuando la gente no tenía carros. En todos los pueblos pequeños, la plaza estaba en el centro de todo. En México, la gente iría a esta plaza en las noches de sabado. Los hombres y mujeres jovenes se vestía en su ropa mas fina y andaba lentamente alrededor del plaza, los hombres en una dirección, las mujeres en la otra. Miraban uno a otro, pero no decían mucho. Allí, los hombres y las mujeres juzgaban quien sería un buen compañero.

"Cruising", o paseando de coche en el barrio es igual. Los hombres jovenes en sus coches bajados andan en frente de la casa en que vive la señorita elegida. Las señoritas, sentadas en el porche, miran a los hombres mientras manejan en los coches alterados. Como los ancianos antes, no intercambian ningunas

The young lady in the back seat of this Buick Rivera lowrider is enjoying the ride. Having a car that is big enough to transport the entire family has always been part of the lowrider tradition.

La señorita en el asiento posterior de este Riviera de Buick está gozando el paseo. El tener un auto bastante grande para llevar a toda la familia siempre ha sido parte de la tradición lowrider.

A *quinceañera* is the celebration of a Latina's 15th birthday with family and friends. Lowrider cars have long been part of the tradition. Here, the girl is about to enter her waiting bomb.

La quinceañera es la fiesta celebrada cuando una chica cumple los 15 años. Los coches de lowrider han sido parte de la tradición por muchos años. La señorita está para entrar en el "bomb" que le espera.

the plaza in opposite directions. Eye contact would be made, but very little would be said. This was where young men and women evaluated one another as potential mates.

Cruising through the barrio in a lowrider became the cultural parallel. Young men in their lowered cars would cruise past the home of a young woman in whom they were interested. The women, sitting out on the front porch, would watch the men drive by in their shiny, lowered cars. And like their ancestors, no words would be exchanged, only glances. The young men were demonstrating their worthiness as a mate. Not only did they own a car, but the car had been modified using craftsmanship and skill. Owning a car was a sign of prosperity. The fact that it had been modified indicated that the young man was skilled with his hands and would be a good worker and provider.

Historians have also associated lowriding with the Spaniards who came to the New World. Horses were held in high esteem and the *charros* (horsemen) who rode them were looked upon with respect. These *charros* would decorate their saddles and trappings with silver. They would also use colorful flowers as decorations. Parades in the western United States, such as the annual Tournament of Roses Parade, often feature Spanish-style *charros* on elaborately outfitted horses. Like the *charros*, lowriders are held in high esteem in their communities.

By the late 1940s, the first organized lowrider clubs started to appear in Los Angeles. It was also at this time that the East Los Angeles lowriders started to develop their favorite cruising locations. Locally, it was Olvera Street and the Lincoln Park area. Other destinations were the beach cities of Seal Beach and Long Beach. While Los Angeles hot-rodders were racing up and down Van Nuys Boulevard, lowriders were slowly cruising Olvera Street.

A *quinceañera* celebration is the perfect occasion for lowriders from many clubs to gather. A long line of lowrider cars, headed by a 1940 Mercury bomb, is waiting for the procession to the church to begin.

La celebración de una quinceañera es la occasión perfecta para reunir las muchas organizaciónes de lowrider. Un "bomb" de Mercury del 1940 está a la cabeza de la fila de coches, esperando el comienzo del desfile a la iglesia.

palabras, nada más miran uno a otro. Los hombres están demonstrando que pueden ser compañeros apreciables. Son dueños de un coche, y ese coche esta alterada artísticamente con sabidura. Ser dueño de un coche significa que uno tiene dinero. Las alteraciónes en el quieren decir que el dueño ya tiene muchas estrezas y sería un buen obrador y esposo.

Los analistas de historia también dicen que hay una relación entre "lowriding" y los Españoles quienes venían al Nuevo Mundo. Los caballos y los charros quienes los montaban eran muy estimables. Los charros adornaban las monturas y el otro equipo con plata. Usaban flores de muchos colores como adornamiento también. Desfiles en el oeste de los Estados Unidos, como el Torneo de las Rosas ("Tournament of Roses Parade") frecuentemente tienen charros del estilo Español en los caballos con el equipo elaborado. Así que los dueños de los coches de lowrider también son tan respetables en la comunidad como los charros antes.

En los 1940's, las organizaciones de lowrider empezaban a crecer en Los Angeles. Al mismo tiempo, los lowriders del este de

This tradition of cruising is still today. Young men will always want to show off for young women, and what better way than in a car they built themselves? One can be proud of a car that is as beautiful on the inside as it is on the outside. Whether it's an informal gathering of cars and owners in a parking lot or a planned cruise to a family picnic in a park, lowriders love to load up the family and go cruising.

In addition to cruising for fun, lowriders have become an important part of other family functions, including a *quinceañera*. The *quinceañera* is an event that celebrates the coming of age of a young Latina woman on her 15th birthday (*quince* means 15, *año* means *year*). Family and friends gather in God's presence for this special event. It is one of the most important events in a Latino household. For the event, the young woman wears a white dress, similar to a wedding gown, and has 28 attendants. Fourteen young couples—one couple for each year of her life—comprise the court. The young men wear tuxedos and the young women wear satin gowns. A young man escorts the young woman for whom the *quinceañera* is held. This person might be her boyfriend or a member of the family. The family elders who act as sponsors are also involved in the *quinceañera*.

A lowrider is often the vehicle that transports the young lady to the church for the mass and reception that follows. In addition, other lowriders join to form a long procession of the low and the slow. In the world of *quinceañera*, having lowriders form the procession is one of the highlights of the event. The presence of lowriders also elevates the status of the young lady and that of the overall event.

A traditional wedding is another occasion for family and friends to gather for a special event. Like the *quinceañera*, lowrider cars are often used to transport the bride and groom

These sharply dressed, young Latinos are part of the court for a *quinceañera*. They have been drawn to this Riviera lowrider, no doubt because of its classic style and beautiful paint.

Estos jovenes estan hermosamente vestidos para el corte de la quinceañera. No hay duda de que se acercaron a este Riviera para admirar su estilo clásico y pintura bella.

Los Angeles (East L.A.) empezaron a escoger las rutas favoritas para pasear. A poca distancia, los caminos favoritos eran Olvera Street y la area de Lincoln Park. Más lejos, los favoritos eran las ciudades de la playa como Seal Beach y Long Beach. Mientras los "hot-rodders" de Los Angeles estaban acelerando al máximo en Van Nuys Boulevard, los "lowriders" estaban paseando lentamente en Olvera Street.

La tradición de andar en coche todavía esta viva. Los hombres jovenes siempre van a querer a mostrarse a las señoritas, y el método mejor será en el coche creado por si mismo. Uno puede estar orgulloso del coche que es tan bonito de adentro como es en el exterior. Si uno está en un grupo impensado de dueños y coches o en un paseo planeado al parque, a los "lowriders" siempre les gusta andar con toda la familia.

Además del paseo para divertirse, los coches de lowrider se han hecho un parte importante de muchas ocaciones familiares, incluyendo a la quinceanera. La quinceañera es la celebración cuando la niña cumple los quince años y se hace una mujer. Su familia y sus amigas se reunen en la presencia de Diós en este día especial. Es uno de los eventos más importantes en la familia latina. La señorita trae un vestido blanco, semejante al vestido de las bodas, y tiene 28 asistentes. Catorce parejas, una pareja por cada año de su vida, forman su cortejo. Los barones se visten en esmoquines y las señoritas en trajes de satin. Un

Big shows bring out some extremely rare lowriders, including this 1957 Chevy BelAir. In the background are vendor tents where attendees can receive the latest information on the newest products and services for lowriders.

Exhibiciónes grandes atraen algunos lowriders extremamente raros, inclusivo a este BelAir de Chevy del 1957. En el fondo hay tiendas vendedoras donde los clientes pueden recibir la información mas reciente en relato a los productos y servicios mas nuevos.

Some of the world's best automotive craftsmanship can be seen in lowrider show cars. This car's rear suspension is chrome plated and the mirrors allow a glimpse of an underside that is finished as nicely as the rest of the car.

Ejemplos de la artesanía automotor mejor del mundo pueden verse en los coches construidos para exhibir. La suspensión trasera esta cromado y por los espejos se nota que la parte oculta está pulido tan suavemente como el resto del coche.

Even the smallest items are important on a lowrider. This gold-plated wire wheel with twisted metal spokes is an example of the exquisite detail that goes into a lowrider show car.

Aun los componentes mas pequeños son importantes en el lowrider. Esta rueda de alambre dorado con rayos de metal torcido es un ejemplo de los detalles exquisitos del coche de competicion.

joven acompaña a la señorita de la quinceañera. Este joven puede ser un novio o alguien de la familia. Los mayores de la familia también participan en la celebración como fiadores.

Un coche de lowrider frecuentemente se usa para llevar a la señorita a la iglesia para la misa y la fiesta que sigue. En adición, otros coches de lowriders se reunen para hacer un desfile de lo bajo y lo lento. En las celebraciónes de la quinceañera, una procesión de lowriders es una de las atracciónes principales. La presencia de los coches alza el nivel social de la señorita y de toda la celebración.

Las bodas tradicionales son otra occasión para reunirse. Como la quinceañera, las bodas se destacan frecuentemente por el uso de un coche de lowrider para llevar a la novia y al novio a la iglesia para la misa y la recepción. En ambas ocasiones, las bodas y las quinceañeras, no es incomún ver un dueño de lowrider vestido en el traje de "zoot suit".

"Showtime"

Por todo el año, las organizaciónes de lowrider patrocinan muchas exhibiciónes. Las

to the church for the mass and reception. At weddings and *quinceañeras*, it's not unusual to see one or more of the lowrider owners wearing a traditional zoot suit.

Showtime

Throughout the year, local clubs sponsor lowrider shows. This is an excellent way for friends to get together and swap lies about their cars and to see the latest modifications each has done. It also gives these small organizations a chance to recruit new members. Proceeds from these shows are often channeled back into the community for charitable causes.

Each year, there are several large lowrider shows, usually held in a stadium setting. It's here that the radical full-custom lowriders, cars that are not typically driven, are seen by thousands of lowrider builders, owners, and fans. In recent years, the growth of these shows has paralleled the growth of the lowrider hobby. Cars that turn out for these shows range from stock to street-driven bombs to radically modified show cars. Owners compete for trophies and, in some cases, money. Professional judges rate the cars. Vendor displays are at these shows so the lowrider owners and builders can see the latest

Displays at lowrider shows can be as wild as the car itself. This beautiful 1962 Impala is shown with all four wheels removed. The tires and wheels double as stanchions for the chain that protects the car.

Despliegues en las exhibiciones pueden ser tan radicales como el coche mismo. Este Impala del 1962 esta desplegado con todas las cuatro ruedas removidas. Se usan los neumáticos y ruedas como postes por la cadena que protege el coche.

exhibiciónes presentan una oportunidad excelente para reunirse, intercambiar vanaglorias acerca de sus coches, y ver las alteraciones más corrientes que han hecho. También, es una oportunidad para atraer nuevos miembros para la organización. Muchas veces, el dinero ganado por estas exhibiciónes se usa por las causas caritativas.

Cada año, hay varios competiciones grandes, generalmente en un estadio. Aquí, los coches que estan extremamente alterados, que tipicamente no andan en la calle, se ven por miles de personas quienes tienen interés en al arte, son dueños, constructores, o simplemente aficionados. En los años recientes, el popularidad de estas exhibiciones ha crecido tan rápido como el pasatiempo mismo. Los coches que se demuestran son de los extremos, desde los originales, a los de la calle, hasta los que están drasticamente alterados para competición. Los dueños competen por trofeos y, en algunos casos, dinero, también. Los jueces profesionales juzgan estos coches. Hay despliegues de los vendedores para demostrar los componentes mas corrientes. Muchas veces, hay modelos en estos quioscos quienes firmen sus fotos para los que les piden.

Un componente importante en la exhibición es el espacio de despliegue del coche. El dueño del coche crea esta espacio detallado para complementar el carro. Lo más modificado el coche, lo mas detallado el despliegue. Coches con un chasis completamente cromado están alzados en una rueda o dos por un gato mecánico para que se veia bien el chasis. A veces, aún los gatos mecánicos estan cromados, también.

Carpeta está puesto abajo del coche para desplegarse. En la carpeta, hay espejos grandes para mostrar a los jueces y espectadores el detalle y lámina de cromo en la carrocería de abajo. El dueño exhibe cualquier trofeo que ha ganado en el pasado. Los despliegues pueden incluir fuentes y alacranes vivos. Si el coche ha sido parte de una sección especial de una revista, habrá copias de la revista desplegadas también.

El capó, el capó de la valija, y las puertas estan abiertos para dar la oportunidad de escrutar cada alteración del coche. Algunos dueños crean un tema en su despliegue para complementar el tipo de coche que tienen. Un dueño novedoso hizo un tema de "gangster"

An advantage of having a car with a hydraulic system is that you can raise the car up to do the cleaning. This car owner is doing some final detailing prior to a car show.

Una ventaja del coche con un sistema hidraúlico es que se puede alzarlo para limpiarlo. El dueño de este coche está poniendo los últimos toques antes de exhibirlo.

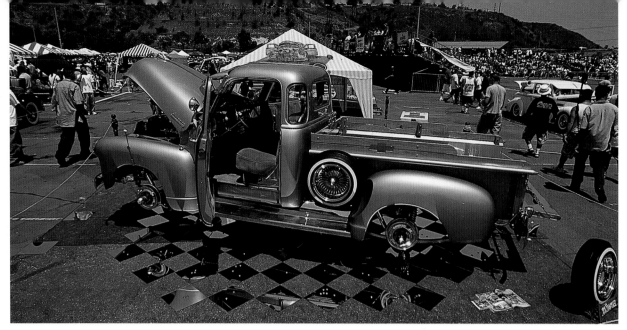

This lowrider pickup truck is displayed on a stand that rotates. Mirrors placed below the truck allow spectators to see the fully chromed suspension and drivetrain.

Esta camioneta esta desplegado en un montante giratorio. Los espejos de abajo reflejan la suspensión y las otras partes ocultas.

components available. Many vendor booths feature beautiful Latina models willing to autograph their posters.

One of the important components at a lowrider event is the display area built for the car. The car owner creates this detailed display area to complement the car. The more highly modified the car, the more detailed the display. Cars with a fully chromed chassis are often displayed with one or more of the wheels suspended off the ground using jack stands. Sometimes the jack stands are chrome-plated.

Carpeting is laid down under the car for the display. On the carpeting, large mirrors are placed to enable judges and spectators to see the detailing and chrome plating on the undercarriage. The owner displays any trophies the car has won in the past. Displays may also include water fountains and live scorpions. If the car had been featured in a magazine, those issues will be displayed.

The hood, trunk lid, and doors are left open to give everyone an opportunity to scrutinize every inch of the car. Some owners create a theme for their display that reflects the type car they have. One inventive bomb owner created a gangster theme, complete with machine guns in violin cases, bags of fake money, and simulated bullet holes in the fenders.

Trophies abound at lowrider shows, with as many as 200 awards at large shows. In some cases, almost everyone who enters a car in the show receives some kind of honor. The most popular are the "Best of" trophies, which include Best Interior, Best Paint, Best Engine, and the highly coveted Best of Show or Sweepstakes Award.

One of the highlights of any lowrider show is the car-hopping and -dancing contests. Hopping lowriders started years ago when the owners realized that with some clever switch actuation, they could use the hydraulics to pull the front wheels off of the

Car hopping started out as a lowrider street competition between friends. Today, with cars like this 1964 Chevrolet Impala hopping as high as 6 feet, it has grown into a sport with sponsored cars, big trophies, and cash prizes.

Los orígines de brincar el coche eran las competiciones de calle entre amigos. Hoy en dia, los autos como este Impala de Chevrolet del 1964 pueden alcanzar la altura de seis pies y el brincar se ha hecho un deporte verdadero con coches costeados, trofeos grandes, y premios de dinero.

con ametralladoras en estuches de violín, bolsas de dinero falso, y en las defensas, simuló aberturas de bala.

Siempre hay una plentitud de trofeos en estas exhibiciónes, con la cantidad enorme de 200 premios en las exhibiciónes grandes. En algunos casos, casi todos quienes entran ganan un premio de algun típo. Los siguientes trofeos son los mas populares: Mejor Interior, Mejor Pintura, Mejor Motor, y lo mas quierido de todo, Mejor de la Exhibición (también llamada "Sweepstakes Award").

Algunas de las atracciones principales son las competiciónes de brincar y bailar los coches. La brinca de los coches empezó años atras cuando los dueños se daban cuenta que, con el uso ingenioso del interruptor, podían usar los hidraúlicos para alzar las ruedas más arriba del suelo. El primer objetivo era alzar las ruedas anteriores más arriba de un paquete de cigarrillos. Cuando se alcanzó esta altura, el ambicio era la altura de una lata alta de cerveza. En el anó 1985, muchos coches podían alzar las ruedas anteriores hasta la altura de 20 pulgadas.

Brincar al coche empezaba a tener su propia identidad como descendiente del mundo de lowrider. Hoy, los choferes de los coches de lowrider pueden brincar las ruedas anteriores a la altura de six pies en las competiciónes. Estos coches están especialmente construidos para brincar. Muchas veces, las fábricas que hacen hidraúlicos de servicio duro costean a los participantes de estas competiciónes. Los coches tienen sistemas hidraúlicas que están especialmente modificados y las carrocerías reforzadas.

Los tableros de los interruptores hidraúlicos son amovibles, para actuar a una distancia del carro en lugar de estar agitado en al asiento de chofer. Es importante planear los pasos del interruptor al momento preciso para mantener la brinca del coche. A pesar de las reforzamientos, el brincar del coche causa mucha deformación a la carrocería. No es incomún ver ondas de presión, estructuras torcidas, y componentes quebrados de suspensión.

La próxima etapa en el desarollo de la brinca era el "baile". Cuando el coche brinca o baila, es preciso actuar los interruptores de los hidraúlicos al momento exacto para hacerlo bailar de un extremo al otro o de un lado

ground. The first goal was to be able to get the front wheels of a car higher than a pack of cigarettes. Once that height was conquered, it became the height of a tall can of beer. In 1985, a lowrider that could lift the front wheels off the ground 20 inches was seen as the ultimate in hopping.

Hopping soon took on an identity all its own as an offspring of lowriding. Today, lowriders in hopping competitions can jump the front end of their cars as high as 6 feet. The cars in this type of competition are built specifically for hopping. Companies that make heavy-duty hydraulic systems often sponsor entrants in these contests. These cars have specially modified hydraulic systems and reinforced frames.

The hydraulic switch panels are removable so the the car can be operated from a remote position and the switches can be actuated without being thrashed about inside the car. Timing is critical in applying the hydraulics at the right moment to keep the car hopping. With all the modifications, hopping takes a toll on the car. It's not unusual to see waves in the body panels, bent frames, and broken suspension pieces on hoppers.

The next step in the evolution of hopping was to make the car "dance." Like hopping, it takes skillful application of the hydraulics to make the car dance from end to end or from side to side. When mini-trucks came into vogue among lowriders, they developed competitions for bed dancing—hydraulically

Part of any big lowrider show is the car-dancing competition. At times in this event, the entire car is airborne.

Las exhibiciones de lowrider siempre incluyen competiciones de baile para los coches. A veces durante el baile, el coche entero está en el aire.

Pennzoil and HiLow hydraulics sponsor this 1963 Impala. It is used for exhibitions only and does not enter in competition. Here, it's in the midst of a side-to-side dance step.

Los hidraeulicos de Pennzoil y HiLow costean este Impala del 1963. Está deplegado en las exhibiciónes, pero nunca esta usado en competicion. Aquí esta en medio de un paso de baile desde un lado al otro.

al otro. Cuando las camionetas de "mini" se hacían populares, se desarollaron competiciónes para hacer bailar las camas traseras. Estas camas estaban controladas por hidráulicas y podían girar además de mover de un lado a otro. Hoy, todas las exhibiciónes grandes tienen competiciónes de brincar y bailar.

La Familia de Lowrider

Los enlaces familiares son profundo y fuertes entre los dueños de lowriders. Estes coches se hacen reliquias heredadas dado por una generación a otra. Puede ser que el dueño original era la abuela, el padre, o el tío. También, es posible que el coche fue manejeado por los padres del dueño corriente en el día de sus bodas.

La historia de la familia es lo que hace especial el coche. Cuando están preguntados, los dueños nunca dejan de notar el pasado del coche y los otros dueños familiares. Frecuentemente, la historia de la familia está presentando en un mural, en el nombre del coche, o en una placa de licensia personalizada.

El coche se hace un origen de orgullo por toda la familia. Las actividades familiares

Dancing a car can take a toll on parts. During this maneuver, the headlight trim ring of this 1963 Impala has been shaken loose and is flying through the air.

Cuando un coche baila, puede causar mucha fatiga a los componentes. Durante esta maniobra, el argolla de la lámpara anterior del Impala del 1963 estaba agitada hasta que voló en el aire.

actuated truck beds that could be moved side to side and even spin. Today, all of the big shows feature car-hopping and -dancing contests.

The Lowrider Family

Family ties run strong and deep among lowriders. These cars become heirlooms passed on from one generation to the next. They may have been originally owned by a grandmother, father, or uncle. They also may have been the car that the current owner's parents rode in on their wedding day.

Family history is what makes the car special to the owner. When asked, Lowrider owners never fail to mention their attachment. Often this family history is exhibited in a mural painted on the car, in the name of the car, or by a personalized license plate.

The lowrider becomes a source of pride for the entire family. Family activities often center on the car. This is one of the reasons why big sedans are traditionally made into lowriders. The big sedan can easily accommodate all members of a big family. Whether it's

frecuentemente se concentran en el coche. Esto explica porque es una tradición usar sedánes grandes para reconstruir en el estilo lowrider. En un sedán, hay campo por todos los miembros de la familia. Si es un paseo con los amigos o un picnic en el parque, la familia y el paseo lowriding no se separan.

Las asociónes de lowrider sirven como extensión de la vida familiar. Los clubes son una segunda familia, donde hay un enlace entre los coches y la gente. Las organizaciones dan la oprtunidad a los miembros jovenes para aprender de los veteranos. Los miembros maduros enseñan a los miembros nuevos como construir los coches y como portarse mientras dan de paseo en ellos.

Estas asociónes tratan de extirpar el estereotipo de las pandillas de malhechores ("gang bangers"). Aún los nombres de estas organizaciónes revelan el sentido familiar que tienen los miembros o una mezcla del orgullo de coche y la historia cultural de los Chicanos. Por ejemplo, los nombres como Cofradia, Alianza, y Amigos significan el enlace entre los miembros, y los nombres como Vida Latina, Estilo, y La Menoría Sofisticada representan el orgullo en la cultura Chicana. Las asociónes costean exhibiciónes locales en que los miembros pueden desplegar orgullosamente los coches y afectar en una manera beneficiosa al pueblo. Generalmente, el dinero ganado por estas exhibiciónes se da a una organizacion de caridad local.

La mayoria de lowriders son gente con familia a quienes les gusta hacer cosas familiares. Rigo Reyes ha sido un lowrider por 26 anos. Es el presidente y fundador del club de coches llamado "Amigos", situado en San Diego. También, es el fundador del concilio

This 1959 Impala, owned by Ricky Munoz, has a special meaning to him. It was his uncle's car, and Munoz's parents rode in it on their wedding day.

Este Impala del 1959 tiene un significado especial por el dueño, Ricky Munoz. Era el coche de su tío, y llevaba a sus padres en el día de sus bodas.

a cruise with friends or a picnic in the park, family and lowriding are inseparable.

Lowrider clubs are an extension of family life. Clubs become a second or extended family, where the bond between cars and people persists. Lowrider car clubs give young members a chance to learn from veterans. The old-timers show the new members how to build their cars and even how to conduct themselves when they drive their cars.

Lowrider clubs do what they can to shake the stereotype as irresponsible gang-bangers. Even the names of lowrider clubs reflect the strong relationship between members and family or a combined sense of pride in the cars and the Chicano cultural history.

Club names such as *Brotherhood, Alliance,* and *Amigos* represent the bond between lowriding members, and *Latin Life, Style,* and *Sophisticated Few* mark pride in the Chicano culture. Lowrider clubs sponsor local shows where members proudly display their cars and interact with members of the community. Usually, these shows are designed to benefit a local charity.

Most lowriders are family people who like to do fun, family things. Rigo Reyes has been a lowrider for 26 years. He's the president and founder of San Diego's *Amigos* car club and the founder of the San Diego lowrider club council. Reyes is also a college graduate who works for a nonprofit children's charity and is

The personalized license plate on Rudy Ballon's 1950 Chevy is a loving reference to his grandmother, *"mi abuelita."* Family is an important part of lowriding.

Esta placa de licensia personalizada del Chevy del 1950 de Rudy Ballon es una referencia cariñosa a su abuela, "mi abuelita". La familia es muy importante en la cultura de lowriding.

Each lowrider club member proudly displays a plaque bearing the club name in the back window of the car. Lowrider clubs work vigorously to build a positive image for themselves and fellow lowriders.

Los lowriders desplieguen orgullosamente una placa con el nombre de su club en la ventana trasera del coche. Un proposito de las organizaciones es promover una reputación positiva por sus miembros.

de todas las asociónes de lowrider en San Diego. Graduado de una universidad, el trabaja por una empresa filantrópica de niños y es un activista de la comunidad. Nos da de recordar: "No sea juez del superficie de algo. Los estereotípos están basados en la negatividad y muchos imagenes de la televisión y radio refuerza los estereotípos de los lowriders como malhechores." Reyes sigue explicando que hay muchos lowriders quienes se graduaron de la universidad y son profesionales trabajando en la comunidad. "La mayoría de las asociónes de lowrider están dedicados al objetivo de promover un imágen positiva de lowriding". dice Reyes.

Lowriding es una de las tradiciónes en los Estados Unidos que es una celebración de arte, cultura, familia, y el entusiasmo para el coche. Si es el paseo en el bulevar en la noche de un sabado, el llevar a un grupo de amigos o a los miembros familiares a un quinceañera, o la brinca y baile en competición, el lowrider estará allí con toda la familia, dando homenaje a los raíces y a la tradición. No lo harán con velocidad o caballo de vapor, sino lo harán bajo y lento con mucho orgullo.

Lowrider clubs are found not only in America. Young Japanese car lovers have embraced the lowrider culture and build lowriders that rival any vehicles built in southern California. ©*Yuzo Takai*

Los clubs no se encuentran solamente en los Estados Unidos. Estos jovenes japoneses han adoptado la cultura lowrider y construyen coches que son iguales a los del sur de California.

a community activist. Reyes reminds us, "Don't judge a book by its cover. Stereotypes are built on negativity and many of the media images reinforce those stereotypes of lowriders as gang bangers or rappers." Reyes goes on to explain that many lowriders are also college graduates and working professionals within the community. "Most of the car clubs are dedicated to promoting a positive image of lowriding," says Reyes.

Lowriding is one of many traditions found in America celebrating art, culture, family, and love of the automobile. Whether it's cruising the boulevards on Saturday night, escorting friends to a *quinceañera*, or hopping and dancing at a car show, the lowrider will be there with the whole family, honoring heritage and tradition. Lowriders won't do it with speed or horsepower, but they will do it low and slow with pride.

Index

Indice

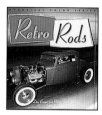

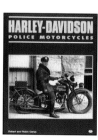
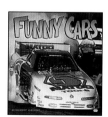